D1326122

Maurice Richard

HÉROS MALGRÉ LUI

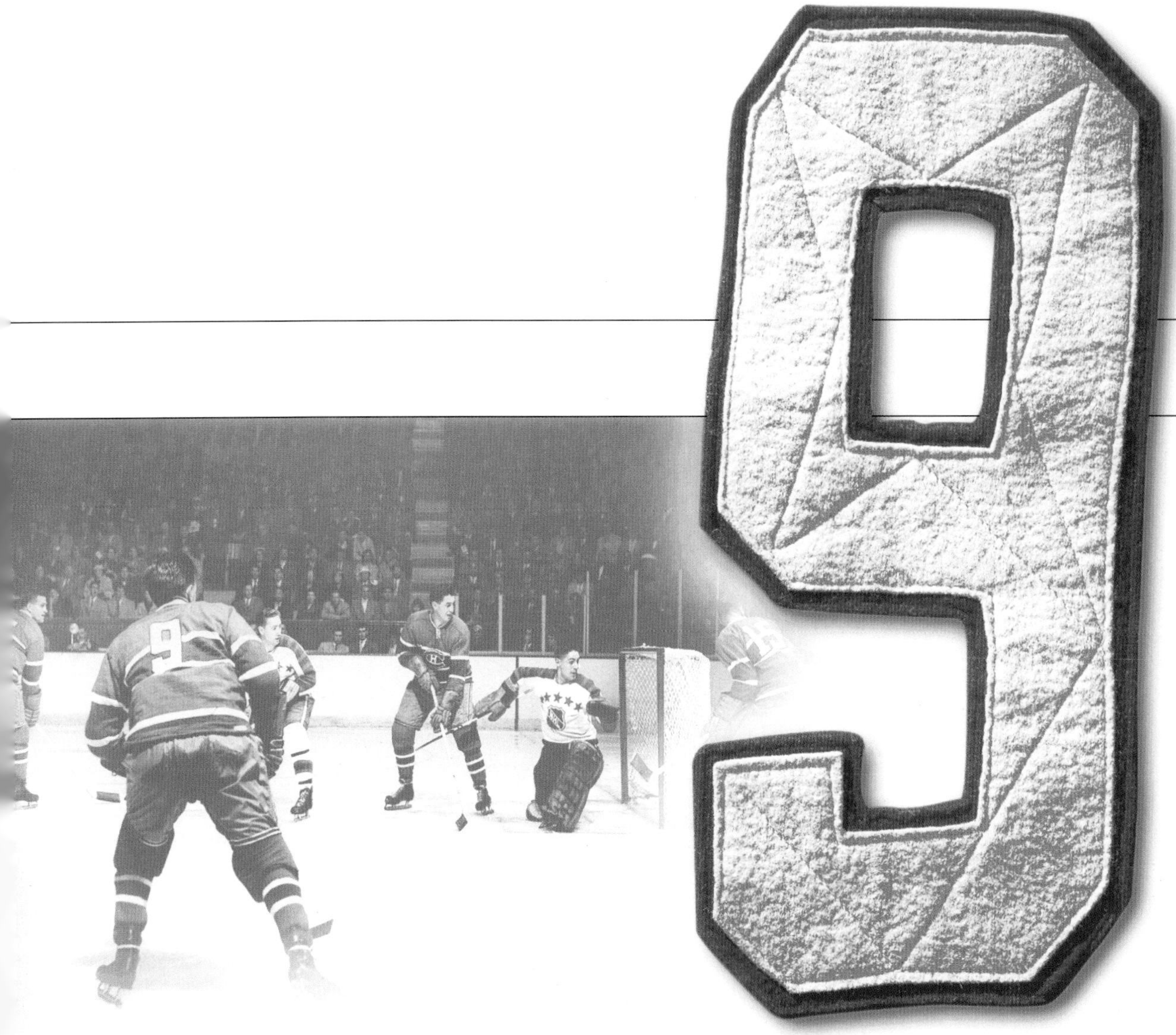

MAURICE RICHARD

HÉROS MALGRÉ LUI

Chrystian Goyens | Frank Orr
avec Jean-Luc Duguay

TPP TEAM POWER PUBLISHING INC.
toronto montréal

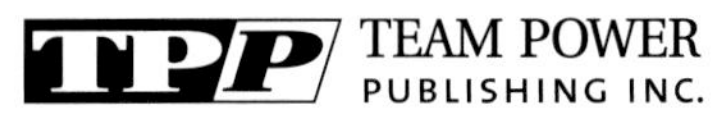

Publié par Team Power Publishing Inc., une division de Team Power Enterprises Inc.

Éditeur Allan Turowetz

Éditeur adjoint Chrystian Goyens

Traducteur Jean-Luc Duguay

Directrice création Julie Desilets

Coordonnatrice | Recherchiste Geneviève Desrosiers

Designers graphiques Julie Desilets, Nathalie Michaud

Infographiste Patrick Dupuis

Imprimeur Quebecor World Graphique-Couleur

Relieur Reliure Montréal

Données de catalogage avant publication (Canada)

Goyens, Chrys, 1949-
Maurice Richard : héros malgré lui
Traduction de : Maurice Richard: Reluctant Hero
Comprend des références bibliographiques.

ISBN 0-9686220-5-4

1. Richard, Maurice, 1921-2000 2. Joueurs de hockey – Québec (Province).
– Biographies I. Orr, Frank, 1936- II. Titre.

GV848.5.R5G6914 2000 796.962'092 C00-901452-7

Dépôt légal, 4e trimestre 2000
Bibliothèque nationale du Canada
Bibliothèque nationale du Québec

181 Whitehall Drive
Markham, Ontario
L3R 9T1

Imprimé et relié au Canada.

TABLE DES MATIÈRES

Durant mon enfance à Montréal, j'ai partagé un héros avec des milliers de Québécois et de Canadiens. Il était le meilleur hockeyeur canadien-français de l'histoire, et ses exploits étaient innombrables.

Il se trouvait aussi être mon frère.

Maurice était mon aîné de presque 15 ans, ce qui explique que nous n'avons pas vécu une relation fraternelle conventionnelle; il s'est marié l'année où j'ai entrepris mes études primaires. Avec les années, quand mes propres talents de hockeyeur se sont manifestés, mon grand frère s'est mis de loin à s'intéresser à moi.

Et puis, un jour nous sommes devenus coéquipiers. Comme ce groupe sélect de jeunes Québécois qui avaient suivi à la radio les exploits fantastiques de Maurice au Forum et dans d'autres arénas de la Ligue nationale de hockey, je me trouvais tout à coup dans le même vestiaire que lui.

Rien n'allait changer. Il allait rester mon héros, plus grand que nature. Jean Béliveau, Bernard Geoffrion, Jean-Guy Talbot, Claude Provost, Dickie Moore, Phil Goyette, tous nous avons partagé l'expérience d'être le coéquipier de « l'idole d'un peuple ».

En tant que coéquipiers, nous étions « égaux ». Nous sommes nous-mêmes devenus des étoiles qui, beaucoup plus tard, allaient accéder au Temple de la renommée, mais Maurice trônait dans un endroit pour nous inaccessible.

Il aura été le seul à se tenir debout sur ce piédestal spécial, et personne ne prendra jamais sa place.

C'était le Rocket, et puisse ce livre donner à la jeune génération une idée de ce qu'il représentait pour nous.

Henri Richard

Cher Maurice,

Toi dont le nom est devenu un phare,
    et dont les exploits sont devenus légendes;
Toi qui as incarné durant tant d'années
    toute la passion et l'intensité du hockey;
Toi dont les valeurs et les actions
    ont inspiré plusieurs générations;
Toi qui as toujours porté le 9, le tricolore et le « C »
    avec une authenticité et un esprit d'équipe inébranlables;
Toi dont le dépassement de soi
    et le désir de gagner étaient la seule loi;
Toi qui as su être si proche de tes fans
    et si généreux de ta personne;
Toi qui as donné tant de valeur au mot Canadien
    et qui as tracé le destin d'une équipe;
Toi qui as su être un homme modeste,
    un père engagé et un joueur magique;
Il faut que ton histoire s'écrive et se lise,
    et qu'elle devienne la source de notre engagement.

Merci Rocket.

Pierre Boivin
Président, Club de hockey Canadien

Maurice *Rocket* Richard vient de disparaître dans l'après-midi de ce dernier samedi de mai. Le reste du week-end, plusieurs stations de télévision du Québec, surtout celles de langue française, consacrent la totalité de leur programmation à Richard.

Comme des pilotes de chasse répondant à l'appel, des spécialistes du sport, de la culture et de la sociopolitique se précipitent dans les studios où l'on monte à la va-vite des émissions spéciales. On a beau zapper, tous les canaux diffusent les mêmes vieilles images de la carrière du Rocket, conservées sur kinescope. Voici le Rocket déjouant d'un tir vif du poignet le gardien des Bruins, Don Simmons, un gaucher, ce qui était rare à l'époque; feintant du revers Chuck Rayner, des Rangers, dont le chignon banane évoque Joseph Staline; contournant le filet de Toronto (en couleur cette fois) et marquant le dernier but de sa carrière, au troisième match de la finale de 1960, contre Johnny Bower au Maple Leaf Gardens.

Les images incontournables de l'émeute Richard sont diffusées. Brandissant des affiches annonçant à la postérité que *Campbell est un cochon*, de jeunes Canadiens-français – les Québécois francophones de demain – défient la force policière, alors composée majoritairement de Canadiens anglais.

Bientôt, ces images se fondront dans l'arrière-plan alors que des spécialistes du sport, de deux générations plus jeunes que la Ligue nationale de hockey à l'époque de Richard, tentent de donner un sens au sentiment profond de perte ressenti par les Québécois et, comme en témoigne le débordement d'émotion des neuf autres provinces – « *Le Rocket était aussi notre héros* », dira Don Cherry –, les Canadiens d'un océan à l'autre.

Le mot symbole est sur toutes les lèvres.

Dans ce branle-bas de combat, voici que l'hôte d'une énième émission spéciale du *Réseau des sports* se tourne vers son invité « expert », un entraîneur de hockey très connu, intelligent et expérimenté, dans la jeune trentaine.

« *Vous savez,* dit l'expert, reflétant l'humeur du week-end, *j'étais trop jeune, je n'ai jamais vu jouer le Rocket.* »

Révélation étonnante dans un pays qui se veut une terre de hockey, où la couverture télévisée de notre sport favori est omniprésente, mais qui, dans le même temps, en dit long sur la difficulté d'établir le contexte de la carrière du Rocket.

Maurice Richard prendra sa retraite le 15 septembre 1960, il y a de cela deux générations de hockey. Âgé de 39 ans, il vivra une longue retraite de 39 autres années, période habituellement propice à l'amnésie collective.

Tandis que Richard s'habitue à la vie après le hockey, Wayne Gretzky, né en 1961, et Mario Lemieux, né en 1965, titubent sur leurs patins. Devenus idoles de millions de fans, ils passeront leur carrière entière au petit écran, avant de décider librement de prendre leur retraite. Bobby Orr et Guy Lafleur passeront, fulgurants, tout comme la Série du siècle URSS-Canada en 1972, les coupes Canada des années 70, 80 et 90, et, au Japon, les premiers Jeux olympiques ouverts aux professionnels de la LNH, tous événements qui représentent de grands tournants du hockey tel qu'on le connaît aujourd'hui.

Qui était cet homme que *personne* n'a vu jouer et qui, partout, sera ovationné durant les quatre décennies de sa retraite ?

Qui était ce symbole ?

Qu'a-t-il apporté au hockey ?

Cet ouvrage vous permettra de refaire connaissance avec le phénoménal numéro 9, tel que vu par les administrateurs du hockey, ses adversaires, ses coéquipiers, les arbitres et les journalistes qui l'ont vu illuminer la Ligue nationale de hockey durant son âge d'or.

Tous avaient leur opinion sur le phénomène Maurice Richard : Frank Selke et Conn Smythe dans les salles de conférences, les joueurs de tous les clubs, les arbitres comme Red Storey, Bill Chadwick et Frank Udvari.

Nous exprimons notre reconnaissance aux journalistes de cette époque qui ont parlé de Richard ou écrit à son sujet. Nous saluons le contingent de Montréal, Charles Mayer, Paul Parizeau, Marcel Desjardins, Zotique Lespérance, Louis Chantigny, André Rufiange, Marc Thibeault, Rockey Brisebois, Roger Meloche, en langue française, Baz O'Meara, Elmer Ferguson, Dink Carroll, Vern DeGeer, Andy O'Brien et Red Fisher en langue anglaise, sans oublier ceux de Toronto, les Scott Young, Milt Dunnell, George Dulmage et Jim Coleman.

Ils ont vu jouer le Rocket, ils ont suivi sa carrière au jour le jour.

Les premiers pas

Il est venu de nulle part. Maurice Richard, le plus grand des Canadiens, entre en scène à l'automne 1942 sans tambour ni trompette – sans créer d'attentes non plus, car les fans du Canadien de Montréal ont appris à se satisfaire de la portion congrue après plus de dix ans de médiocrité. L'équipe n'a pas gagné la coupe Stanley depuis 1930-1931, aux beaux jours de Howie Morenz, Aurèle Joliat et George Hainsworth. Plus tard, Jean Béliveau accédera au club au terme d'un feuilleton de trois ans et l'arrivée de Guy Lafleur sera le point culminant d'une série de décisions astucieuses du directeur général Sam Pollock.

Pourtant, quand Joseph Henri Maurice Richard se joint au Canadien de Montréal de la Ligue nationale de hockey pour le camp d'entraînement de 1942, il n'est qu'un ailier qui tente de trouver sa niche au sein d'une équipe médiocre. Il a de plus la réputation d'un joueur « fragile ». Après une saison de misère avec les Maple Leafs de Verdun, une équipe junior, en 1939-1940, il rate, blessé, la plus grande partie des deux campagnes suivantes avec le Canadien de la Ligue senior du Québec.

Des années plus tard, Richard confiera à Andy O'Brien, journaliste sportif chevronné : *« Je ne comprends toujours pas pourquoi le Canadien m'a offert ce premier contrat professionnel. J'étais maladroit et fragile. Je passais mon temps sur le derrière ou à l'hôpital. »*

Toe Blake, qui deviendra son compagnon de trio au sein de la Punch Line et, plus tard, son entraîneur, est d'accord avec lui à l'époque.

« Je ne pense pas que Maurice Richard va percer. Cette ligue est tout simplement trop dure pour lui », dira-t-il.

Frank Selke sera le patron de Maurice Richard pendant la majeure partie de sa carrière dans la LNH. Pourtant, Richard, à ses cinq premières années dans la LNH, ne sera qu'un adversaire respecté pour le numéro deux du hockey à Toronto.

« Richard évoluait pour les Maple Leafs de Verdun, un club junior, au moment où j'étais directeur par intérim du Maple Leafs Gardens, dira Selke. *Une année, Verdun a affronté Oshawa en demi-finale de la coupe Memorial dans l'Est du Canada. Sauf erreur, Oshawa a remporté la série trois matchs à zéro. Personne n'aurait pu croire que le fougueux Richard réécrirait un jour le livre des records. »*

«Richard s'est frayé un chemin dans le hockey dans des conditions qui auraient refroidi tout joueur moins ardent», notera Selke.

«À sa première année dans le hockey amateur senior, il s'est fracturé une cheville et a raté le reste de la saison. L'année suivante, il s'est fracturé un poignet après quelques matchs et il a été forcé de nouveau à jouer les spectateurs. Au début de sa troisième saison, alors membre du Canadien de Montréal, il s'est fracturé l'autre cheville. J'étais à l'époque directeur par intérim des Maple Leafs de Toronto. Quelques jours après sa troisième fracture, les quotidiens ont rapporté les propos de Tommy Gorman, alors directeur général du Canadien, selon lequel Maurice Richard était si fragile que son nom était retiré de la liste des joueurs protégés par le Canadien.

3 NOVEMBRE 1940

Montréal et Boston font match nul 1-1 au Forum à la première partie de Dick Irvin à la barre du Canadien.

«Les autres directeurs généraux de la LNH avaient la chance de montrer leur perspicacité en repêchant Richard pour moins que rien, comme Detroit l'a fait quelques années plus tard quand le jeune Gordie Howe a été renvoyé par New York. Mais aucun d'entre nous n'a été assez malin, nous avons tous suivi l'opinion de Gorman.

«Ça n'a pas été le cas de Dick Irvin, alors entraîneur sous Gorman. Dick, lui, était assez futé pour voir que le Canadien avait peut-être été trop vite en affaires, et il l'a fait savoir sur-le-champ. Tommy Gorman, qui savait toujours de quel côté son pain était beurré, a remis le nom de Maurice sur la liste des joueurs protégés.»

« Je ne comprends toujours pas pourquoi le Canadien m'a offert ce premier contrat professionnel. J'étais maladroit et fragile. »

– Maurice Richard

Souvent blessé au début de sa carrière, Maurice Richard se mettra à douter de sa résistance physique.

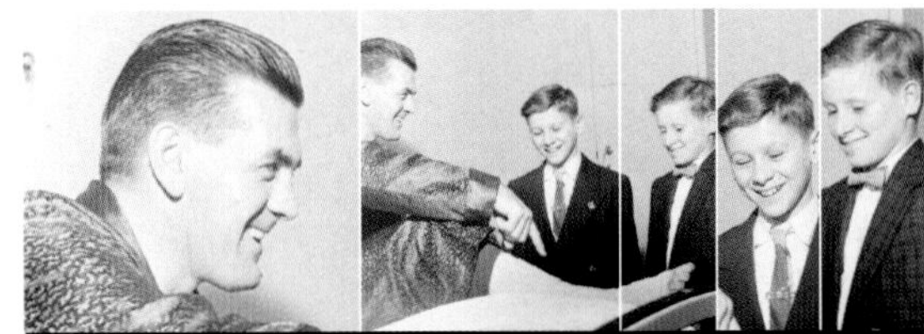

La première blessure grave

« Fragile. »

« Le jeune est fragile, il se casse les os à rien. »

« Cette ligue est peut-être trop dure pour lui. »

À l'approche du nouvel an 1943, Maurice Richard est dans un plâtre, cette fois à la suite d'une fracture de la cheville droite. Il en a l'habitude. Après 16 parties et 11 points (cinq buts et six passes) à sa première campagne dans la Ligue nationale de hockey, la lune de miel est terminée. Sa saison est perdue.

La date : 27 décembre 1942.

Ce soir-là, le Canadien mène les Bruins grâce à un but et deux passes de la recrue, mais voici que Richard encaisse une dure mise en échec de Jack Crawford et se fracture une cheville, dans le coin même, curieux hasard, où, presque six ans plus tôt, le grand Howie Morenz subissait la blessure qui allait mettre fin à sa carrière.

À sa première année avec les Maple Leafs de Verdun juniors, Richard avait montré de belles aptitudes jusqu'à ce qu'une fracture de la cheville gauche mette fin à sa saison. Dans les rangs seniors, il n'a cessé de s'améliorer au fil de 20 parties, mais, là encore, une fracture à un poignet raccourcit sa saison.

Le voilà dans le plâtre à nouveau, et les loups hurlent.

Après le match où Richard se blesse, Dick Irvin affirme : *« Richard est probablement trop fragile pour jouer dans la Ligue nationale de hockey. »* D'autres vétérans, Toe Blake en tête, opinent du bonnet.

Même Maurice aura des doutes.

« Trois blessures importantes en trois ans... Moi aussi je me posais des questions, se rappellera-t-il. *Je savais que j'étais beaucoup plus robuste qu'ils le croyaient et que je pouvais affronter n'importe qui dans cette ligue, mais j'allais devoir le prouver. Il est difficile de combattre à la fois l'équipe adverse, ses propres entraîneurs, sa direction et ses coéquipiers. Il est très difficile de se défaire d'une réputation de fragilité. Je savais aussi que, si je me blessais à nouveau au cours des prochaines saisons, le Canadien pouvait m'envoyer là où il voulait. »*

L'année suivante, Richard sera mis sur la touche en raison d'une luxation de l'épaule, mais, à titre de membre à temps plein de la Punch Line, il marquera 32 buts avant d'exploser dans les séries et d'établir un record avec 12.

Comme il marque des buts à profusion de tous les angles, personne n'en fait la remarque si, dans le vestiaire après le match, le Rocket applique de la glace sur ses blessures.

À Montréal, les directeurs des sports des quotidiens décrètent que l'épithète « fragile » doit être banni quand il s'agit de Maurice Richard.

Le Rocket se tient au courant de l'actualité de la LNH.

Selke ignore à l'époque que Gorman a offert Richard aux Rangers contre le fougueux Phil Watson. Lester Patrick, l'administrateur de hockey par excellence de la première moitié du 20e siècle, refusera l'échange.

En décrivant le désarroi du hockey amateur au Québec, Selke fait une critique cinglante de la gestion du hockey amateur dans la province et de la négligence de la direction du Canadien à développer des talents du cru. Voilà qui explique en partie pourquoi si peu de joueurs canadiens-français évoluent pour le Canadien dans les années 30 et au début des années 40. Selke, surnommé « Farmer Frank », un gentleman-farmer qui, comme Dick Irvin, élève de la volaille de première qualité, a tôt fait de prendre charge du hockey mineur au Québec tout en investissant dans des équipes et des ligues de l'Ouest, au moment où il se joint au Canadien en 1946.

Maurice Richard et ses coéquipiers du Canadien remporteront la coupe Stanley en 1944 et 1946.

Les années d'apprentissage

Richard et ses coéquipiers Bob Fillion et Fernand Majeau font le saut chez le Canadien de la LNH en raison du travail infatigable de plusieurs hommes de hockey amateurs comme Georges Norchet, Paul-Émile Paquette, Paul Stuart, Arthur Therrien et Paul Haynes, un ex-joueur de la LNH avec les Maroons, les Bruins et le Canadien.

Fils aîné d'Onésime et Alice Richard, des Gaspésiens qui ont vécu l'exode rural à l'époque de la Première Guerre mondiale, Maurice chausse ses premiers patins à l'âge de quatre ans sur une patinoire de fortune construite par son père. Taciturne et d'esprit farouchement indépendant, Onésime est machiniste aux ateliers Angus de Canadian Pacific Railway dans l'est de Montréal. Maurice est encore bébé lorsqu'Onésime et son beau-père construisent une maison dans le quartier Nouveau-Bordeaux, très éloigné pour l'époque du centre-ville de Montréal.

Le hockey organisé commence à l'école, et Maurice joue chez les peewees, les bantams et les midgets de Saint-François-de-Laval jusqu'après sa neuvième année scolaire. Après avoir obtenu son diplôme de Saint-François, le jeune homme s'inscrit à l'École technique de Montréal. Il évolue pour l'équipe de hockey de l'école ainsi que pour celle du quartier de Bordeaux. Alors qu'il joue pour Bordeaux, dans les rangs midgets, il est remarqué par Georges Norchet qui passe tout de suite le mot à ses contacts au sein de la ligue juvénile du Parc Lafontaine.

Paul-Émile Paquette, un homme d'affaires montréalais, investit la coquette somme de 500 dollars par saison dans une équipe de cette ligue. Les gamins émerveillés à qui il fait signer des contrats se croient chez les pros. Ils se rendent aux matchs à bord de sa fourgonnette Ford tandis que Réal Bouthier, un médecin ami de la famille, assure gratuitement les services médicaux.

Paquette et son entraîneur, Paul Stuart, assistent à un match de Bordeaux à la demande de Norchet et offrent sur-le-champ un contrat à Richard. À son premier match avec sa nouvelle équipe, il marquera six buts.

^
Maurice, bébé, avec ses parents, Onésime et Alice Richard.

Maurice et un coéquipier posent avec leur bienfaiteur, Paul-Émile Paquette.

«En 1938-1939, notre équipe a gagné 43 de ses 46 parties, a fait match nul deux fois et n'a perdu qu'une fois, se rappellera Paquette. *L'équipe a marqué 144 buts, et Maurice 133 à lui seul.»*

«Nous avions l'habitude de gagner nos matchs 10-0 ou 12-0 et Richard marquait une dizaine de buts. Il représentait les trois quarts de notre attaque.»

À l'époque, Richard dispute deux matchs les soirs de semaine et même quatre durant le week-end, parfois sous un faux nom. Pourtant, comme le constate Selke, la direction du hockey amateur au Québec est dans un désarroi tel que les rangs juniors, seniors et professionnels auraient pu ne pas remarquer Richard, n'eût été du flair de Stuart.

Paul Stuart, francophone malgré son nom, prend sous son aile les 38 équipes des ligues du Parc Lafontaine avec l'idée de faire accéder leurs joueurs les plus talentueux aux meilleurs clubs de la ville. Comprenant vite que Richard sera un homme marqué aux échelons supérieurs du hockey, Stuart fait appel à Harry Hurst, entraîneur de boxe réputé, qui se rend compte qu'il a un Gant doré entre les mains. Ces leçons de boxe se révéleront précieuses plus tard.

Stuart, Paquette et Norchet invitent ensuite Arthur Therrien, entraîneur des Maple Leafs de Verdun, une équipe junior qui est le club-école du Canadien de la LNH, à voir Richard à l'œuvre.

Nous avions l'habitude de gagner nos matchs 10-0 ou 12-0 et Richard marquait une dizaine de buts. Il représentait les trois quarts de notre attaque.

– *Paul-Émile Paquette*

Deux solitudes

Il y aura dans un premier temps les faux *Flying Frenchmen*, question de capitaliser sur la popularité d'étoiles comme Newsy Lalonde, Howie Morenz et **Aurèle Joliat**, tous Ontariens de naissance.

Des Canadiens français talentueux sortiront de l'ombre, comme Johnny *Black Cat* Gagnon, *Battleship* Leduc et Georges Vézina, surtout durant la période où le Canadien représente le *East End* francophone et les Maroons, le *West End* anglophone.

Mais jusqu'à l'arrivée de Maurice Richard et à la mise sur pied subséquente d'un réseau de clubs-écoles au Québec par Frank Selke, les *Flying Frenchmen* resteront une création de l'imagination d'un Américain, directeur des sports de son métier.

Le Canadien est toujours l'équipe préférée des Montréalais, et ce pour une bonne raison: on ne trouve pas mieux à l'époque.

Pour Maurice Richard, il faut oublier le scénario hollywoodien, le reporter grisonnant, bloc-notes à la main, chapeau mou sur le bout du crâne, talons de billets dans le bandeau, qui tape sur l'épaule de la vedette en herbe et proclame, essoufflé: *« Fiston, tu t'en vas dans la cour des grands ! »*

De dire Richard: *« Ça ne s'est pas produit comme ça. Le Canadien n'avait pas l'organisation que M. Selke a bâtie quelques années plus tard. Le club était propriétaire de quatre ou cinq équipes juniors en plus de contrôler le hockey senior, mais tout était laissé à l'abandon. »*

Flying Frenchmen ou pas, le Canadien n'est pas disposé à se mettre aux trousses de chaque jeune joueur canadien-français doué. Pour récompenser ses dons d'organisateur, la direction du Canadien offre à Paul Stuart un poste d'entraîneur et de directeur avec le Canadien senior, mais quand ce dernier demande carte blanche pour privilégier les joueurs de langue française, l'offre est retirée.

Natif d'Ottawa, Tommy Gorman dirige l'équipe au nom du propriétaire, le sénateur Donat Raymond. Il vient tout juste de débaucher de Toronto l'entraîneur Dick Irvin, un Canadien de l'Ouest. Cecil Hart, figure bien connue dans le *West End*, est un autre poids lourd de la hiérarchie du Canadien à l'époque, mais le trio n'a pas de relations dans la communauté de langue française.

Des Canadiens français dénommés Norchet, Paquette, Stuart et Therrien ouvriront la voie à Maurice Richard, mais ils devront faire preuve de détermination pour que leur pupille passe l'audition avec les Maple Leafs de Verdun juniors et, plus tard, le Canadien senior et le Canadien de la LNH.

^
Newsy Lalonde aura été le tout premier capitaine du Canadien.

(Ci-dessus à gauche) ***Le Canadien connaîtra la gloire à l'époque des*** **Flying Frenchmen** ***grâce à des joueurs comme Sylvio Mantha, George Mantha, Arthur Lesieur, George Hainsworth,*** **Battleship** ***Leduc et Pit Lépine.***

En septembre 1939, Richard est l'un des 126 espoirs au camp d'entraînement des Leafs. La légende veut qu'il ait pris la 20e et dernière place au sein de la formation.

« *On ne voyait que lui sur la glace,* dira Therrien. *Il portait un chandail jaune très laid avec un écusson Marvelube* (un des commanditaires de Paquette). *Il n'avait que 18 ans. En raison de son âge, certains vétérans étaient meilleurs que lui, si bien qu'il ne jouait pas trop souvent au début.* »

Malgré tout, Richard se fait assez remarquer pour être invité au camp du Canadien de Montréal de la Ligue senior la saison suivante, même s'il lui reste une saison chez les juniors.

Comme l'écrira Andy O'Brien dans *Rocket Richard*, « *Maurice Richard portait en lui le feu de la grandeur, mais sans la technique que lui a enseignée l'entraîneur Paul Haynes, Maurice Richard n'aurait jamais quitté le petit monde du hockey pour sauter dans les espaces merveilleux réservés aux rares élus.* »

Les Midgets de Paquette, une puissance de la ligue du Parc Lafontaine.

D'une aile à l'autre

De poursuivre O'Brien : « *Chaque hiver, bon an, mal an, 80 000 garçons jouent au hockey organisé au Canada. Et, chaque hiver, bon an, mal an, 120 joueurs tout au plus évoluent dans la LNH, une poignée seulement étant de nouveaux venus. Il est difficile d'atteindre le sommet et encore plus d'y rester. Pour Maurice Richard, la clé aura été son passage de l'aile gauche, son côté naturel puisqu'il était gaucher, à son* mauvais côté, *le droit.*

« *C'est après avoir noté quelque chose à l'entraînement que Haynes l'a fait changer d'aile. Haynes m'a récemment fait remarquer qu'un gaucher patinant à l'aile gauche a normalement deux choix s'il décide de foncer vers le but. Soit il tente de contourner la défense du côté gauche, mais alors le défenseur de ce côté coupe l'angle de tir et il doit passer derrière le but ou faire une passe arrière; soit il bifurque vers le devant du but, où la circulation est dense, et alors il est en position d'effectuer un tir du revers.*

« *Quand Richard se trouvait du* mauvais côté, *il lui arrivait de repousser le défenseur par la force de son bras gauche avant d'accélérer et de couper vers le but. Normalement, un joueur devient ainsi une cible de choix. Il risque de se faire aplatir par le second défenseur qui vient à sa rencontre devant le but. Mais la force d'accélération de Richard était telle que souvent il arrivait au but avant que les défenseurs et le gardien aient pu réagir. Quand Richard réussissait le coup, il se trouvait dans une position idéale pour tirer de la gauche.* »

21 septembre 1942 : Lucille et Maurice s'unissent pour le meilleur et pour le pire.

Lucille, mon amour

Ce même Maurice Richard qui illumine de ses exploits la patinoire pour l'équipe juvénile Paquette, marquant quatre ou cinq buts par match, tente de jouer l'homme invisible quand, après la partie ou l'entraînement, les joueurs se donnent rendez-vous à la résidence des Norchet pour un moment de détente.

Le jeune homme de 17 ans aux cheveux de jais se tient à l'écart, sirotant une boisson gazeuse et avalant des chips, alors que ses coéquipiers, plus sociables, font danser à l'envi les jeunes filles qui ne manqueraient pour rien au monde ces rassemblements.

Maurice a beau essayer de faire tapisserie, il retient l'attention de Lucille, sœur cadette de son entraîneur, qui fait des confidences à sa mère. Rouquine aux yeux bleus, pleine d'entrain, l'adolescente de 13 ans jette son dévolu sur le joueur étoile et se met en tête de l'initier à la vie mondaine.

« *Maurice n'avait pas de petite amie et c'est lui qui demeurait le plus loin du parc Lafontaine, dans le Nouveau-Bordeaux,* se rappellera Lucille. *Certains soirs, il n'y avait personne pour le reconduire chez lui, et il couchait à la maison.* »

Et d'ajouter en souriant : « *On roulait le tapis et on dansait. J'ai pris sur moi d'enseigner la danse à Maurice et aussi d'être sa conseillère de mode. Il avait les cheveux plutôt longs et les coiffait vers l'arrière. Je lui ai suggéré de les séparer par une raie, ce qu'il a fait pour le reste de sa vie. Je lui ai aussi appris à danser. La rumba était sa danse préférée.* »

Si les parents de Lucille jouent les chaperons, quel n'est pas leur étonnement quand Richard, 20 ans, maintenant avec le Canadien senior, qui gagne 20 dollars par semaine comme machiniste, leur demande la main de Lucille, 17 ans. Onésime et Alice Richard sont également décontenancés, mais tous conviennent que voilà un jeune couple sérieux, prêt à passer sa vie ensemble. Ils finissent par acquiescer.

Le 21 septembre 1942, Maurice Richard, tout juste 21 ans, épouse Lucille Norchet. Deux semaines plus tard, sa lune de miel avec le Canadien de Montréal de la Ligue nationale de hockey commence.

Maurice et Lucille vivront ensemble pendant 52 ans, jusqu'à ce qu 'elle meure du cancer en 1994. Parents modèles, ils élèveront sept enfants.

La relation du Rocket avec le Canadien durera plus longtemps encore.

Paul Haynes fera une simple suggestion – muter Maurice à l'aile droite – qui donnera son plein élan à la carrière du Rocket.

Frank Selke lui-même reconnaîtra à Paul Haynes le mérite d'avoir changé Richard d'aile, suivant l'exemple de joueurs émérites de la LNH comme Cecil Dillon et Bryan Hextall.

« Comme Maurice, ces deux garçons étaient gauchers. Si un joueur peut se permettre le luxe de jouer à sa mauvaise aile, *il a un avantage certain sur ses rivaux. Premièrement, sa cible se trouve agrandie. Ensuite, il se doit de développer un tir du revers qui, lorsqu'il est précis, fait damner les gardiens. Helge Bostrom, Busher Jackson, Bryan Hextall et Maurice Richard possédaient des tirs du revers dévastateurs, les meilleurs que j'aie vus. C'est un tir vif, qui lève rapidement, et qui semble avoir pratiquement disparu du hockey d'aujourd'hui. »*

Quand Richard se présente à son premier camp d'entraînement dans la LNH, il fait partie d'une groupe important d'ailiers qui, formés au Québec, tentent de dénicher une place au sein de l'équipe. À l'évidence, il a les armes offensives nécessaires pour aider l'équipe montréalaise qui souffre d'une carence à cet égard. Un jour, Dick Irvin et quelques-uns de ses vétérans, appuyés sur la bande près du banc de l'équipe, s'interrogent à savoir si Richard est vraiment un dur. Erwin *Murph* Chamberlain, un avant costaud, se voit confier la responsabilité de mettre à l'épreuve la résistance de la recrue.

En moins de deux, Chamberlain pousse avec grand fracas Richard sur la bande. La recrue tombe, se relève et se lance à la poursuite de son bourreau. Il faut trois coéquipiers pour extirper Chamberlain des pattes de Richard. La réponse est donnée.

Joseph Henri Maurice Richard signera son premier contrat de la LNH à titre d'ailier gauche, le 29 octobre 1942. Cinquante-six secondes après le début de son premier match, le soir de l'Halloween, lui et son compagnon de trio Elmer Lach aident Tony Demers à marquer un but. Le Canadien battra les Bruins 3-2.

8 NOVEMBRE 1942

Maurice et son copain Elmer testent un prototype de protecteur crânien, mais il faudra attendre les années 70 avant que les casques deviennent une pièce d'équipement courante.

Jacques Plante, qui se joindra à l'équipe dix ans après Richard, racontera une histoire apocryphe dont on se servira au fil des ans pour motiver les recrues du Canadien.

« Pour vous montrer le genre de gars qu'il était, lorsque le Rocket arriva en 1942, Robert Fillion de Thetford Mines était aussi une recrue. Dick Irvin était l'entraîneur de l'équipe, et il les jouait l'un contre l'autre. Les deux joueurs participaient à la période d'échauffement, mais sans savoir lequel d'entre eux allait disputer le match. Après l'échauffement, Irvin annonçait à l'un qu'il allait jouer et disait à l'autre d'aller se rhabiller. Un jour où Irvin avait dit au Rocket de retraiter au vestiaire, celui-ci a défoncé la porte d'un grand coup de pied avant de prendre sa douche. Il avait 21 ans, c'était une recrue et, pour Dick Irvin, son geste prouvait qu'il avait beaucoup de tempérament. Irvin, qui appréciait une bonne bagarre sur la patinoire à l'entraînement, avait un faible pour ce genre de joueur. L'entraîneur mettait le feu aux poudres, les joueurs se défoulaient et ils en riaient après coup. »

Entré par la petite porte, Richard en défoncera d'autres. Après deux saisons dans la LNH, le monde du hockey aura appris à connaître ce joueur aux yeux perçants qui, quitte à traîner deux rivaux sur son dos, marquait des buts prodigieux.

« Il avait 21 ans, c'était une recrue et, pour Dick Irvin, son geste prouvait qu'il avait beaucoup de tempérament. »

– Jacques Plante

La première partie

Un « fantôme du Forum » très particulier rôde dans la maison en ce soir de Halloween 1942, au moment où le Canadien et Boston lancent la nouvelle saison.

Aurèle Joliat, un ailier étoile qui s'est illustré aux côtés de Howie Morenz et Johnny *Black Cat* Gagnon aux beaux jours de l'équipe, vient de se joindre à la Ligue nationale de hockey à titre de juge de lignes. Comment Joliat aurait-il pu savoir que son retour au Forum allait coïncider avec le lancement de la carrière de celui qui remplacera Morenz, dit le *Stratford Streak* – l'Éclair de Stratford – dans le cœur des partisans du Canadien?

Évolue à l'aile gauche ce soir-là, en compagnie du centre Elmer Lach et de l'ailier droit Tony Demers, un certain Maurice Richard, joueur bien bâti, au teint basané, qui, victime de blessures à répétition, vient de passer deux saisons de misère avec la filiale du Canadien de la ligue senior. Glen Harmon et Léo Lamoureux sont des défenseurs recrues chez le Canadien tandis que les vétérans Gord Drillon et Dutch Hiller, acquis de Toronto et Boston respectivement, sont censés donner du mordant à une attaque réputée anémique. Drillon est le point de mire, lui qui, grâce à 23 buts et 18 passes, a terminé ex æquo au septième rang du championnat des pointeurs de la LNH la saison précédente, à quatre points seulement du meneur, Toe Blake, du Canadien.

Les Bruins, conscients de la menace que représente la combinaison Blake-Drillon, les harcèlent constamment, ce qui donne une marge de manœuvre au trio Richard-Lach-Demers. Cette stratégie leur coûte la victoire. Le Canadien l'emporte 3-2 grâce à deux buts de Demers, la recrue Richard obtenant une passe.

Un peu plus d'une semaine plus tard, le Canadien se frottera à un singulier personnage. Dès le début de sa courte carrière dans la LNH, Steve Buzinski devra s'habituer aux remarques désobligeantes. Il faut dire à sa défense que le bombardement de caoutchouc auquel il est soumis à chaque partie des Rangers de New York, privés de leurs meilleurs éléments à cause de la mobilisation, lui a peut-être vulcanisé le cerveau.

Les journalistes de Manhattan, témoins obligés de ses performances au Madison Square Garden, l'ont surnommé Steve *The Puck Goes Inski* Buzinski.

Après la retraite de Dave Kerr en 1941, son remplaçant, Sugar Jim Henry, et Chuck Rayner, nouvellement acquis, sont appelés sous les drapeaux à l'automne 1942. Les Rangers n'ont d'autre choix que de recourir à Buzinski, qui évolue dans les rangs intermédiaires à Swift Current en Saskatchewan. Se joignant à deux autres sans-grades, Bill Beveridge et Jimmy Franks, il disputera neuf matchs en tout et partout et accordera 55 buts avant que les Blueshirts de Broadway ne mettent fin à son calvaire dans un geste de miséricorde.

Le 8 novembre, Buzzer est au Forum avec ses coéquipiers des Rangers, trop heureux d'avoir battu le Canadien 4-3 la veille. Pourtant, la victoire n'est pas franche. Guerre oblige, les déplacements sont restreints, et, pour traverser la frontière, tous les joueurs de la ligue doivent produire un laissez-passer ou un visa. Incapables de s'acquitter de ces formalités à temps, plusieurs joueurs du Canadien, y compris la recrue Maurice Richard, ont dû rester à Montréal.

Le Canadien au grand complet attend donc les Rangers de pied ferme pour le match retour. La déroute est totale et **Steve Buzinski** paie la note alors que le Canadien assomme ses rivaux 10-4.

Tôt en deuxième période, un jeune ailier gauche de Montréal s'empare de la rondelle derrière le but du gardien Paul Bibeault et fonce vers la zone ennemie. La recrue aux cheveux de jais, qui porte le numéro 15, se faufile jusqu'au but adverse où il déjoue le gardien avec un tir du revers dans la lucarne. Pendant que Buzinski, dépité, sort la rondelle du but, les partisans du Forum font au marqueur la première d'une longue série d'ovations.

Le Rocket n'est pas encore né, mais Maurice Richard vient de marquer son premier but dans la LNH et Buzzer d'entrer dans les livres d'histoire.

Poser avec une rondelle : une scène qui se répétera tout au long de la carrière de Maurice.

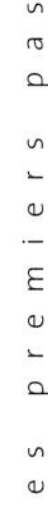

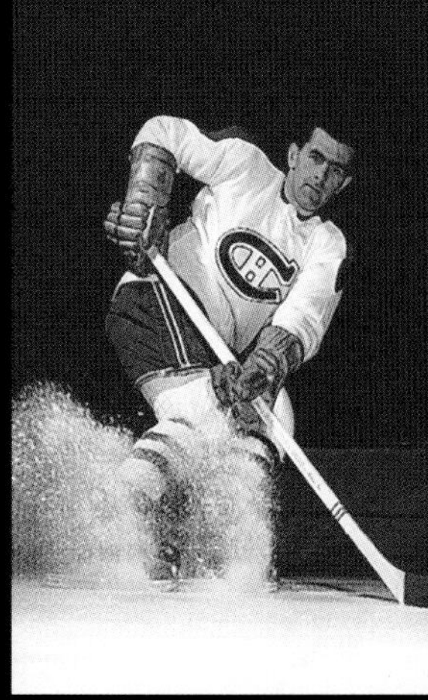

Une superstar est née

L'ineffable Conn Smythe, propriétaire majoritaire et associé directeur des Maple Leafs de Toronto, découvrira sur le tard le phénomène Maurice *Rocket* Richard. Il a une bonne excuse. De 1943 à 1945, il est en service outremer, au sein de la 30e Batterie de l'Artillerie royale canadienne, ou à l'hôpital militaire, se remettant de ses blessures de guerre. Sur Carleton Street, son bras droit, Frank Selke, veille au grain.

Laissons au grand manitou des Maple Leafs le soin de marquer officiellement l'ascension de Maurice Richard au statut de vedette de la LNH.

« *Durant toute cette période, je n'avais pas vu un match de hockey,* dira Smythe. *Bien sûr, j'écoutais Foster Hewitt à la radio, mais je ne me sentais pas bien, et le froid m'incommodait. Je dirigeais de mon lit, au téléphone, les opérations hockey des Maple Leafs, et je n'ai été prêt à regarder un match que le soir de mon cinquantième anniversaire, le 1er février 1945. Chicago jouait à Montréal à la veille d'une réunion des gouverneurs de la LNH. J'ai décidé de faire de ce voyage à Montréal mon grand retour. Selke m'avait dit à quel point le hockey du temps de la guerre avait été horrible. Je n'avais jamais vu Rocket Richard, mais j'ai appris à le connaître ce soir-là. Le match s'est terminé à égalité 1-1, et le Rocket a marqué le but de Montréal. Il a franchi la ligne bleue, harcelé par un gros défenseur d'un côté et par Johnny Gottselig de l'autre. Malgré tout, le Rocket a pénétré dans la zone, feinté le gardien et mis la rondelle dans le but. J'ai dit à Selke : " Tu es un fieffé menteur, c'est l'un des plus beaux jeux que j'aie vus. "* »

Richard déjoue Turk Broda.

«J'ai offert 25 000 dollars à Montréal pour Richard, mais ils ont été assez malins pour refuser.»

Au fil des ans, Smythe et Richard vivront une étrange relation amour-haine.

«À Toronto, ma loge se trouvait juste en face des sièges verts, en plein cœur de l'action, commentera Smythe. *Le soir de la fameuse bagarre entre Rocket Richard et Bob Bailey, je me suis rendu à la salle de presse après le match. Un reporter m'a demandé ce que j'en pensais et je lui ai dit que si on ne mettait pas fin à ce genre d'incidents, le public n'achèterait plus de billets. Vous auriez dû entendre les éditorialistes hurler à la lune. Ma déclaration a été reprise par* Sports Illustrated *et, je pense même, par* Encyclopedia Britannica.»

«Un soir, une émeute a failli éclater au Gardens, et le Rocket était encore une fois dans la mêlée. L'arbitre l'a renvoyé au vestiaire. Je me trouvais dans le corridor quand, tout à coup, la porte s'est ouverte brusquement et qu'il est sorti au pas de charge. Il avait les yeux qui jetaient des éclairs – c'était ce que quelqu'un avait appelé le regard de feu du Rocket –, et la rage l'aveuglait. Je suis allé à sa rencontre et je lui ai dit: "Rocket, où vas-tu? Tu as tort. Retourne d'où tu viens."»

Jeux d'été

Chaque été, les Canadiens jouent au baseball et à la balle-molle au profit de bonnes œuvres.

« Tu es un fieffé menteur, c'est l'un des plus beaux jeux que j'aie vus. »

– Conn Smythe

50 en 50

Les 50 buts en 50 parties de Rocket Richard durant la saison 1944-1945 marqueront le premier grand exploit de son extraordinaire carrière. Pourtant, ce fait d'armes continue de soulever la controverse, et ses mérites d'alimenter le débat.

L'année 1945 marquera la fin de la Deuxième Guerre mondiale, et plusieurs joueurs de premier plan de la LNH servent alors dans l'armée canadienne. D'où la théorie, défendue par certains, selon laquelle Richard a établi son record dans une ligue édulcorée.

	SAISON 1944-45						Partie			Totalisation		
	Partie		Résultat	Gardien	B	Passes	B	P	Pts	B	P	Pts
1	28 oct.	Boston	V 3-2	H. Bennett	0		0	0	0	**0**	0	0
2	2 nov.	Toronto	D 4-1	F. McCool	0		0	0	0	**0**	0	0
3	4 nov.	Detroit	V 3-2	C. Dion	1	Lach	1	0	1	**1**	0	1
4	5 nov.	Detroit	V 3-2	C.Dion	0		0	0	0	**1**	0	1
5	9 nov.	Chicago	V 9-2	M. Karakas	3	Blake, Lach	3	2	5	**4**	2	6
					–	Blake, Lach						
					–	Blake						
6	11 nov.	Toronto	D 3-1	F. McCool	0		0	0	0	**4**	2	6
7	12 nov.	Chicago	V 4-2	M. Karakas	1	Lach	1	0	1	**5**	2	7
8	18 nov.	Boston	V 6-3	H. Bennett	1	Blake, Lach	1	0	1	**6**	2	8
9	19 nov.	Rangers	V 6-2	K. McAuley	1	Blake, Lamoureux	1	1	2	**7**	3	10
10	21 nov.	Boston	V 4-1	H. Bennett	1	Blake	1	0	1	**8**	3	11
11	23 nov.	Detroit	N 3-3	C. Dion	1	Blake, Bouchard	1	0	1	**9**	3	12
12	25 nov.	Toronto	D 2-0	F. McCool	0		0	0	0	**9**	3	12
13	26 nov.	Toronto	V 4-1	F. McCool	3	Blake, Lach	3	0	3	**12**	3	15
						Blake, Lach						
						Blake, Eddolis						
14	30 nov.	Rangers	D 7-5	K. McAuley	1	Blake, Lach	1	1	2	**13**	4	17
15	3 déc.	Chicago	V 2-1	M Karakas	1	Lach	1	0	1	**14**	4	18
16	5 déc.	Boston	V 4-1	H. Bennett	2	Blake	1	1	2	**15**	5	20
17	14 déc.	Toronto	N 2-2	F. McCool	1	Blake, Bouchard	1	0	1	**16**	5	21
18	16 déc.	Boston	V 8-5	H. Bennett	2	Blake, Lach	2	1	3	**18**	6	24
					–	Blake, Lach						
19	17 déc.	Rangers	V 4-1	K. McAuley	1	Lach, O'Connor	1	0	1	**19**	6	25
20	23 déc.	Chicago	V 2-1	M. Karakas	0		0	0	0	**19**	6	25
21	28 déc.	Detroit	V 9-1	H. Lumley	5	Lamoureux	5	3	8	**24**	9	33
					–	Lach						
					–	Blake, Lach						
					–	Eddolls, Lach						
22	30 déc.	Rangers	V 4-1	K. McAuley	0		0	1	1	**24**	10	34
23	2 janv.	Boston	V 6-3	P. Bibeault	1	Blake, Lach	1	1	2	**25**	11	36
24	4 janv.	Toronto	D 4-2	F. McCool	0		0	0	0	**25**	11	36
25	6 janv.	Chicago	V 10-1	M. Karakas	1	Lach, Harmon	1	2	3	**26**	13	39
26	11 janv.	Toronto	V 7-4	F. McCool	2	Bouchard	2	1	3	**28**	14	42
					–	Blake, Lach						
27	13 janv.	Detroit	V 8-3	H. Lumley	1		1	0	1	**29**	14	43
28	14 janv.	Rangers	V 6-2	K. McAuley	0		0	1	1	**29**	15	44
29	17 janv.	Chicago	V 4-2	M. Karakas	0		0	0	0	**29**	15	44
30	20 janv.	Rangers	V 5-2	K. McKauley	1		1	1	2	**30**	16	46
31	21 janv.	Detroit	V 6-3	H. Lumley	3		3	0	3	**33**	16	49
					–	Lach						
					–	O'Connor						
32	27 janv.	Boston	V 11-3	P. Bibeault	1	Blake, Lach	1	2	3	**34**	18	52
33	28 janv.	Boston	V 4-1	P. Bibeault	2	Lach	2	0	2	**36**	18	54
					–	Blake						
34	1er fév.	Chicago	N 1-1	M. Karakas	1	Lach, Bouchard	1	0	1	**37**	18	55
35	3 fév.	Detroit	V 5-2	H. Lumley	1		1	1	2	**38**	19	57
36	4 fév.	Detroit	V 3-1	H. Lumley	1		1	0	1	**39**	19	58
37	8 fév.	Rangers	V 9-4	K. McAuley	2	Lamoureux	2	0	2	**41**	19	60
					–	Blake						
38	10 fév.	Detroit	V 5-2	H. Lumley	2	Lach	2	0	2	**43**	19	62
					–	Blake						
39	11 fév.	Rangers	V 4-3	D. Stevenson	0		0	2	2	**43**	21	64
40	17 fév.	Toronto	V 4-3	F. McCool	1	Lach	1	0	1	**44**	21	65
41	18 fév.	Chicago	N 0-0	M. Karakas	0		0	0	0	**44**	21	65
42	25 fév.	Toronto	V 5-2	F. McCool	1	Blake	1	0	1	**45**	21	66
43	3 mars	Toronto	D 3-2	F. McCool	0		0	1	1	**45**	22	67
44	4 mars	Chicago	D 6-4	M. Karakas	1	Blake, Lamoureux	1	0	1	**46**	22	68
45	8 mars	Boston	V 3-2	P. Bibeault	0		0	0	0	**46**	22	68
46	10 mars	Rangers	V 7-3	K. McAuley	0		0	0	0	**46**	22	68
47	11 mars	Rangers	V 11-5	K. McAuley	2	Lach	2	0	2	**48**	22	70
					–	Blake						
48	15 mars	Detroit	D 2-1	H. Lumley	1	Lach	1	0	1	**49**	22	71
49	17 mars	Chicago	V 4-3	D. Stevenson	0		0	0	0	**49**	22	71
50	18 mars	Boston	V 4-2	H. Bennett	1	Lach	1	1	2	**50**	23	73

Richard lui-même n'est pas sous les drapeaux parce que, en trois saisons, de 1940 à 1943, il s'est fracturé les deux chevilles et un poignet. Curieusement, plusieurs joueurs évolueront dans la LNH après avoir échoué à l'examen médical de l'armée.

Trois des meilleurs gardiens, Frank Brimsek (Boston), Turk Broda (Toronto) et Chuck Rayner (New York) ne sont pas dans la ligue. Cela dit, la cible de choix de Richard cette saison-là (14 buts, dont cinq en une seule partie), Harry Lumley, des Red Wings de Detroit, entreprend une carrière qui lui ouvrira les portes du Temple de la renommée. De plus, Mike Karakas, de Chicago, disputera 336 matchs dans la LNH et Frank McCool, qui aidera les Maple Leafs de Toronto à remporter la coupe Stanley en 1945, est un gardien de première classe qui prendra une retraite anticipée pour la seule raison qu'il souffre d'ulcères à l'estomac.

Fort de 32 buts et de 12 autres dans les séries durant la saison 1943-1944, le Rocket annonce ses couleurs. L'année suivante, avec ses compagnons de la Punch Line, le centre Elmer Lach et l'ailier gauche Toe Blake, Richard marquera des buts dans 34 des 50 matchs. Il aura une partie de cinq buts, trois de trois buts et six de deux buts. Le Rocket en inscrira 32 à domicile et 18 à l'étranger.

Bien sûr, le 50e but de Richard au 50e match de la saison soulèvera la controverse. À Boston, le gardien recrue Harvey Bennett, un substitut qui a remplacé Paul Bibeault à la mi-partie, contiendra Richard jusqu'à 17 min 45 s de la troisième période.

Aucun film ou vidéo n'étant disponible pour éclairer le débat, le but sera décrit de diverses façons. À l'époque, Bennett fera valoir aux officiels que la rondelle a été poussée dans le but par un patin. Selon une autre version, Lach serait entré en collision avec Bennett, ce qui aurait permis à Richard de marquer.

Plus tard, Bennett refusera d'alimenter le débat, affirmant que Richard est le plus grand joueur de l'histoire.

Pour l'entraîneur des Rangers, Frank Boucher, Richard est *« une merveille du temps de la guerre »*. Quelques années plus tard, Boucher corrigera cette première impression, ajoutant : *« Richard est le joueur le plus spectaculaire que j'aie vu, Howie Morenz y compris. »*

« Il a semblé reprendre ses sens. Il m'a regardé droit dans les yeux et, sans un mot, il est retourné au vestiaire. J'avais pour cet homme une admiration sans bornes. J'aurais donné la lune pour l'avoir au sein de mon équipe, mais ça ne m'empêchait pas de le chahuter. Une fois, à Montréal, j'ai demandé un siège où je serais sûr de ne pas avoir d'ennuis. Un farceur, Selke sans doute, m'a fait asseoir à côté de la belle-mère du Rocket. Nous nous sommes disputés durant tout le match et nous avons fini par nous engueuler. J'ai profité d'un calme relatif pour lui demander ce qu'elle m'avait dit en français. Elle l'a fait, après quoi elle a ajouté : "J'ai un avantage sur vous, M. Smitty. Je peux vous dire ce que je pense de vous dans les deux langues." »

AU BONHEUR DES JEUNES

Au fil de sa carrière, Maurice assumera ses responsabilités vis-à-vis de la jeunesse de Montréal et du Québec. Le voici dans une nuée d'admirateurs heureux à l'Orphelinat Saint-Arsène.

L'arbitre Red Storey se rappelle l'incident Bob Bailey, ainsi que la réaction de Smythe.

« La paix rétablie, j'ai expulsé Richard. Des fans en colère l'attendaient. Conn Smythe, qui dirigeait les Maple Leafs et détestait le Canadien, est arrivé au pas de course. J'ai pensé que ça y était, mais non. Smythe a insisté auprès des policiers pour qu'ils protègent cet homme parce qu'il était "le plus grand joueur de hockey au monde". »

Frank Selke reconnaît que Smythe avait un sentiment spécial pour Richard.

« Conn Smythe croyait que le Rocket avait le potentiel d'une grande étoile. Un soir, dans le salon des directeurs du Forum, entre deux périodes, Conn, qui avait déclaré peu avant que Richard, si excellent marqueur fût-il, était nul en échec arrière, a offert au sénateur Donat Raymond, alors président du Canadien, 75 000 dollars pour acquérir le contrat de Richard.

« Le sénateur, qui adorait battre Toronto plus que tout au monde, a répondu : "J'ai lu que, selon vous, Richard ne pratique pas l'échec arrière et qu'il n'est un grand joueur qu'à l'attaque. Est-ce que ça signifie que si je parviens à le faire jouer dans les deux sens, vous allez m'offrir 150 000 dollars" ?

« Deux années plus tard, l'entraîneur des Maple Leafs, Happy Day, m'a envoyé un télégramme où il disait que ses supérieurs l'avaient autorisé à m'offrir 135 000 dollars pour le contrat de Maurice Richard. Sans consulter personne, j'ai répondu sur-le-champ que c'était une blague et que si je laissais partir Richard, nos fans en colère chasseraient de la ville l'équipe au complet. Le Rocket valait plus que son pesant d'or. »

Maurice et Elmer Lach à la journée père et fils au Forum, en compagnie de Frank Selke.

« Le Rocket valait plus que son pesant d'or. »

– *Frank J. Selke*

Le numéro 9 et le Canadien

Le 30 octobre 1943, Maurice Richard revêt officiellement le chandail numéro 9 du Canadien de Montréal. Ses prédécesseurs n'ont fait que le « louer »; le Rocket, lui, en fera son bien éternel.

Pour les férus d'anecdotes, Maurice Richard est l'un de trois joueurs intronisés au Temple de la renommée à avoir porté ce numéro pour Montréal.

Un compétiteur aussi féroce que le Rocket aura endossé le numéro 9 pour le Canadien, William (Bill) Coutu, un défenseur robuste qui, échangé à Boston, sera suspendu à vie par le président de la LNH, Frank Calder.

L'incident responsable de la déchéance de Coutu (parfois appelé Couture) survient à Ottawa, le 11 avril 1927, après que les Sénateurs eurent remporté la coupe Stanley en battant Boston 2-0. Rendu furieux par plusieurs décisions controversées tout au long de ce match brutal, Coutu agresse l'arbitre Jerry Laflamme dans le corridor donnant sur le vestiaire. L'autre officiel, Billy Bell, s'en mêlant, il est à son tour attaqué par Coutu.

Comble de l'ironie, Bell avait été le deuxième joueur du Canadien à endosser le chandail numéro 9. Coutu avait arboré ce numéro promis à la célébrité de 1918 à 1920 tandis que Bell l'avait porté comme réserviste en 1922-1923 avant de se voir attribuer le numéro 11. Le bannissement à vie de Coutu sera annulé, mais il ne disputera plus un seul autre match dans la LNH.

Sylvio Mantha, capitaine de l'équipe à deux reprises – 1926-1932, 1933-1936 –, portera le chandail numéro 9 à sa première saison, en 1923-1924, même si les partisans s'en rappelleront surtout pour avoir arboré les numéros 2 et 3. Il sera élu au Temple de la renommée en septembre 1960.

Jean Matz, un sans-grade, revêtira le chandail numéro 9 pendant 35 matchs en 1924-1925 avant qu'Alfred *Pit* Lépine ne se l'approprie pour 12 saisons à compter de 1926. Lépine sera le deuxième meilleur pointeur du Canadien à porter ce numéro, lui qui totalisera 141 buts et 104 passes, séries éliminatoires comprises. Il deviendra entraîneur du Canadien après la mort par noyade de Babe Siebert à l'été 1939.

À la disparition des Maroons après la saison 1937-1938, le Canadien met la main sur le vétéran Herb Cain, un ailier, qui portera le numéro 9 en 1938-1939 avant d'être échangé à Boston où il évoluera durant sept saisons. Ironie du sort, il remportera le championnat des pointeurs de la LNH en 1943-1944 grâce à 82 points (36 buts, 46 passes), éclipsant quelque peu une recrue du nom de Maurice Richard, auteur de 32 buts alors qu'il porte pour la première fois le chandail numéro 9.

Le vétéran Marty Barry, qui avait aidé les Red Wings de Detroit à remporter deux coupes Stanley au milieu des années 30, sera échangé au Canadien au cours de la saison 1939-1940 pour un dernier tour de piste dans sa ville natale où il portera le numéro 9. Barry, qui obtiendra quatre buts et dix passes à ses 30 derniers matchs dans la ligue, sera intronisé au Temple de la renommée en juin 1965.

Qui sera l'avant-dernier Canadien à arborer le numéro 9 ? Charlie Sands, de 1940 à 1943, celui-là même que Richard remplacera aux côtés d'Elmer Lach et Toe Blake.

^ ***Aucun hockeyeur amateur représentant le Québec ne peut arborer le numéro 9, retiré à jamais par la Fédération québécoise de hockey sur glace.***

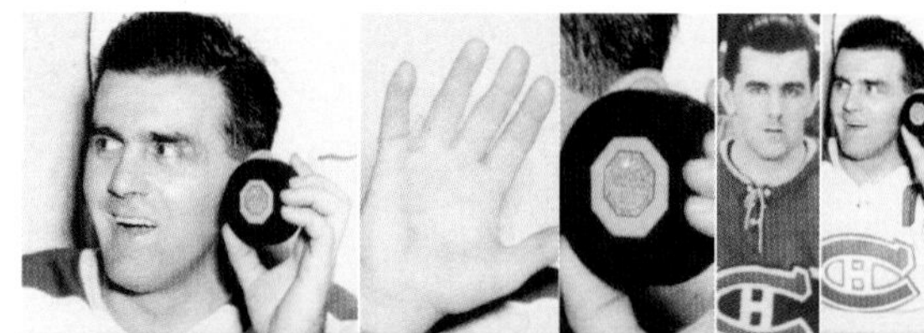

Cinq buts contre les Leafs

Quand Dick Irvin forme par hasard la Punch Line, trio redoutable en attaque, la carrière de Maurice Richard démarre sur les chapeaux de roues. En 1943-1944, Richard marque 32 buts et obtient 22 passes pour un total de 54 points, et le Canadien connaît la meilleure saison de l'histoire de la ligue – 38 victoires, cinq défaites, sept matchs nuls. L'équipe crée un précédent en devançant par 25 points son plus proche rival, Detroit (83 points contre 58).

En demi-finale de la coupe Stanley, le Canadien affronte les Maple Leafs, une proie en principe facile, puisque Toronto a amassé 33 points de moins que Montréal en saison régulière.

Grâce au brio de leur gardien Paul Bibeault, un ancien Canadien, les Leafs créent l'émoi au Forum en enlevant le premier match 3-1. Bibeault repousse 60 tirs tandis que les Leafs tirent au but 23 fois seulement. Après le match, Richard prévient son ami d'enfance : *« Paul, tu as été trop fort pour nous dans la première partie, mais surveille-moi bien dans la prochaine. »* Il n'aurait su dire mieux.

Le 23 mars 1944, chargé de talonner Richard, Bob Davidson, un ailier défensif, réussit à contenir le Rocket durant une première période sans but.

Sa chance tournera court au deuxième vingt. Au début de la période, Richard et Davidson se prennent à bras-le-corps dans le coin de la zone de Toronto, la rondelle à leurs pieds. Plus tard, Davidson soutiendra qu'au moment où il plaquait Richard sur la bande, un partisan montréalais lui a arraché le bâton des mains. Tandis que Davidson attend vainement un coup de sifflet, le Rocket s'empare de la rondelle, fonce sur Bibeault et marque.

Dix-sept secondes plus tard, Richard porte la marque à 2-0. Il participera même indirectement au seul but qu'inscrira Toronto puisqu'il se trouve au banc des pénalités quand Reg Hamilton réduit l'écart à 2-1 à 8 min 50 s. Après avoir purgé sa deuxième pénalité de la période, le Rocket réussit le tour du chapeau à 16 min 46 s, clouant le cercueil de ses rivaux.

Mais le festival n'est pas terminé. Pendant une pénalité à Elwyn Morris au début de la troisième période, Richard marque le seul but des siens en avantage numérique de toute la partie avant d'en ajouter un cinquième à 8 min 54 s. Comme son coéquipier, Toe Blake inscrit cinq points grâce à cinq passes tandis qu'Elmer Lach obtient quatre aides.

Elmer Ferguson, journaliste au *Montreal Herald*, choisit les trois étoiles. Il devient tout de go l'homme le plus détesté du Forum quand l'annonceur maison proclame : *« La troisième étoile, Maurice Richard ! »* La foule est en état de choc, des huées dispersées se font entendre.

« Et maintenant, la deuxième étoile, Maurice Richard ! » Les plus brillants comprennent, Ferguson est absous sur-le-champ, et l'ovation monte.

L'annonceur n'a même pas fini d'annoncer : *« La première étoile, Maurice Richard ! »* que le Forum se met à trembler sur ses fondations.

Résumé du match

Première période

Aucun but
Pénalités – Lamoureux, Mtl, 6:43

Deuxième période

1. Mtl Richard (Blake, McMahon) 1:48
2. Mtl Richard (Blake, Lach) 2:05
3. Tor Hamilton (Carr, Morris) AN 8:50
4. Mtl Richard (Lach, Blake) 16:46

Pénalités – Richard, Mtl 8:34, Richard, Mtl, Webster, Tor 12:20, Morris, Tor 19:24

Troisième période

5. Mtl Richard (Blake, Lach) AN 1:00
6. Mtl Richard (Blake, Lach) 8:54

Pénalités – Heffernan, Mtl, 14:57
Avantages numériques
Toronto 1-3; Montréal 1-1

La Punch Line entre en scène

Comment Maurice Richard, réputé fragile à ses débuts, est-il devenu une superstar de la LNH en si peu de temps?

Le mérite en revient à Dick Irvin qui, au camp d'entraînement de l'automne 1943, adjoint Richard aux vétérans Toe Blake et Elmer Lach. Charlie Sands, un ailier droit qui a joué avec Blake pendant la majeure partie de la saison précédente, a été échangé à New York en même temps que Dutch Hiller contre Phil Watson. Un autre ailier droit, Gord Drillon, qui a marqué 28 buts la saison précédente aux côtés de Buddy O'Connor et Ray Getliffe, s'est joint à l'Aviation royale du Canada et prendra sa retraite du hockey à la fin de la guerre. Ce septembre-là, le gardien Bill Durnan, successeur de Paul Bibeault, est aussi un nouveau venu.

Irvin, se rappelant la recommandation de Paul Haynes dans les rangs amateurs, mute Richard à l'aile droite, aux côtés de Blake et Lach. Quelques séances d'entraînement plus tard, il est clair que c'est un coup de génie.

«*À l'entraînement, il était impossible de leur enlever la rondelle*», se rappellera Ray Getliffe qui affrontait souvent le nouveau trio.

«En plus d'être très doués, ils avaient des aptitudes complémentaires. Tous trois avaient la couenne dure. Selon la situation, ils pouvaient joueur du hockey à base de finesse, de rapidité ou de rudesse.»

Le Rocket est lancé

Le Rocket !

Jamais athlète n'aura porté un surnom collant aussi parfaitement à sa personne et à son style. The Babe, né George Herman Ruth, est peut-être le seul sobriquet dans la classe du Rocket, né Joseph Henri Maurice Richard.

« *C'est pour deux raisons le meilleur surnom qu'on ait jamais donné à un athlète,* dira le gardien Jacques *La Merveille masquée* Plante. *Premièrement, il évoque la façon dont Maurice fonçait comme une roquette de la ligne bleue au but. Deuxièmement, ses yeux avaient l'éclat d'une roquette. On a souvent parlé du regard de feu du Rocket en faisant référence au* Star Spangled Banner, *l'hymne national américain, où l'on mentionne* "the Rocket's red glare". »

Comme souvent à propos de la carrière de Richard, l'origine du sobriquet Rocket porte à débat. À sa première saison, quelques journalistes francophones le surnommeront la Comète, mais le qualificatif ne collera pas.

Harold Atkins, journaliste au *Montreal Star*, qui sera ensuite directeur des sports de ce quotidien pendant de nombreuses années, est une source souvent mentionnée, mais la plupart des observateurs de cette époque attribuent à un coéquipier de Richard, Ray Getliffe, la paternité du sobriquet.

À l'occasion du décès de Richard en juin 2000, Getliffe, un avant solide qui jouera trois saisons avec les Bruins de Boston et six avec le Canadien, se rappellera la première fois où il a utilisé le mot Rocket pour décrire Richard.

« *Sauf erreur, il a été surnommé Rocket à sa deuxième saison* (1943-1944) », dira Getliffe, 86 ans, au chroniqueur sportif Jim Kernaghan du journal *The Free Press* de London en Ontario, ville où réside l'ancien joueur depuis plusieurs années.

« *J'étais sur le banc quand Richard s'est emparé de la rondelle à la ligne bleue, a feinté deux joueurs, a filé vers le but, le feu dans les yeux, et a marqué. J'ai dit : "C'est une vraie roquette !"*

« *Dink Carroll* (journaliste à la *Montreal Gazette*) *était debout derrière le banc, et c'est de ce jour que Richard a été appelé Rocket. C'est l'un des surnoms les plus célèbres du sport.* »

Des buts à profusion

N'en déplaise aux producteurs des *Minutes du patrimoine*, la légende du Rocket est née longtemps avant cette soirée où il inscrira cinq buts et trois passes contre Detroit après avoir passé la journée à déménager.

Selon le scénario, Maurice Richard aurait eu congé pour cause de déménagement le samedi 28 décembre 1944. Voilà pourtant qu'au jour dit, il reçoit un appel lui intimant de jouer. Et c'est ainsi que, traînant ses os fatigués au Forum, il explosera dans une victoire de 9-1.

Inutile de dire que, dans les années 40, aucun joueur en santé de la LNH n'aurait obtenu une soirée de congé, surtout pour un prétexte aussi banal qu'un déménagement. De plus, le Canadien et les Red Wings se disputent alors bec et ongles la première place du classement de la ligue. Ceux qui voient la naissance d'une légende dans ce match d'après Noël 1944 ignorent sans doute que le Rocket réussit ce soir-là son huitième tour du chapeau en 363 jours. Eh oui ! huit parties d'au moins trois buts en moins d'une année civile. La Ligue nationale de hockey n'a jamais rien vu de tel.

Durant sa carrière, le Rocket marquera au moins trois buts à 26 reprises en saison régulière et à sept reprises au cours des séries de la coupe Stanley, un total de 33.

Les pauvres Blackhawks sont sa proie favorite, eux contre qui le Rocket réussit 11 matchs à buts multiples, dont un en séries, mais Toronto et Detroit ne sont pas loin derrière avec sept et six tours du chapeau concédés respectivement.

Boston est l'équipe qui réussira le mieux à limiter les dégâts. Les Bruins ne seront victimes que de deux tours du chapeau du Rocket, le 3 février 1951 au Forum – trois buts et une passe, victoire de 4-1 – et le 14 avril 1953 au Garden de Boston où le Canadien l'emporte 7-3 et prend une avance de 3-1 en demi-finale. Les Rangers seront la proie du Rocket à cinq reprises, dont une fois en séries.

Quelle est l'importance des buts ainsi marqués par Maurice Richard ? En saison régulière, le Canadien gagnera 24 des matchs où il réussira le tour du chapeau, faisant match nul une fois et perdant une partie. En séries, le Tricolore remportera chacun des sept matchs où le Rocket réussira un tour du chapeau. De plus, dans cinq de ces 33 parties, il marquera tous les buts des siens.

Une légende est née ?

Et comment !

Chapeau, Maurice !

30 décembre 1943
Maurice Richard réussit son premier tour du chapeau dans la LNH en plus d'amasser deux passes; le Canadien démolit les Red Wings 8-3 au Forum.

17 février 1944
Richard inscrit trois buts en 2 minutes et 13 secondes, et le Canadien défait les Red Wings 3-2 à Detroit.

5 mars 1944
Montréal bat Toronto 8-3 au Forum grâce à trois buts et une passe du Rocket.

23 mars 1944
Le Rocket marque les cinq buts de son équipe; le Canadien remporte 5-1 contre Toronto la deuxième partie de la demi-finale au Forum.

4 avril 1944
Le Rocket marque les trois buts de son équipe, et le Canadien défait Chicago 3-1 au deuxième match de la finale de la coupe Stanley au Forum.

9 novembre 1944
Le Rocket inscrit son quatrième tour du chapeau en saison régulière – trois buts et deux passes – dans une victoire de 9-2 sur les Blackhawks de Chicago au Forum.

26 novembre 1944
Richard marque trois autres buts au Forum où le Canadien défait les Leafs 4-1.

28 décembre 1944
Après avoir déménagé, le Rocket inscrit cinq buts et trois passes au Forum, et le Canadien humilie Detroit 9-1.

Curieusement, le nouveau trio mettra près d'une demi-saison à atteindre sa vitesse de croisière, notamment parce que Richard et Blake se sont blessés à l'épaule.

La Punch Line, comme on surnomme le trio, commence à sortir de l'ombre au troisième mois de la saison. Blake est la première étoile du match à son retour au jeu après sa blessure, le 19 décembre; le Canadien bat Boston 3-1. Le 30 décembre, Richard réussit le premier tour du chapeau de sa carrière en plus d'amasser deux passes, et Montréal écrase les Red Wings 8-3 au Forum. À compter de cet instant, la Punch Line, bien appuyée par des trios dont Buddy O'Connor et Phil Watson sont les centres, joue les rouleaux compresseurs. Quand le Canadien perd 5-0 au Maple Leaf Gardens le 11 janvier, la défaite met fin à une série de neuf victoires.

> *« À l'entraînement, il était impossible de leur enlever la rondelle. »*
>
> – *Ray Getliffe*

Saison 1946-47

Toe Blake arpente les links en compagnie d'un célèbre caddie. Le Rocket se défend bien au golf, mais sa passion pour la pêche l'empêchera de baisser son handicap autant qu'il l'aurait voulu.

C'est un incident de parcours. Montréal devance les Leafs par 11 points après cette défaite grâce à une fiche de 20-3-3 (43 points) en regard de 15-11-2 (32 points) pour Toronto. Le Canadien ne perdra que deux autres matchs au fil de la saison et devancera Detroit, qui terminera deuxième, par 25 points en ajoutant 18 victoires et sept matchs nuls à son palmarès.

Le Rocket, comme on l'a récemment baptisé, inscrit son deuxième tour du chapeau de la saison le 17 février en marquant tous les buts de son équipe qui bat Toronto 3-2. Neuf jours plus tard, alors qu'il ne reste que neuf matchs à disputer en saison régulière, Montréal démolit Boston 10-2 et s'assure le championnat de la ligue.

La Punch Line marque de son sceau les séries éliminatoires. Blake, Richard et Lach, avec 18, 17 et 13 points respectivement, sont les trois meilleurs pointeurs des séries. Le Canadien gagne sa première coupe Stanley depuis 13 ans en neuf parties, une de plus que la limite, en enchaînant huit victoires après avoir perdu le premier match de la demi-finale contre Toronto. Durant cette séquence, Richard marque 12 buts, un record.

Selke se rappellera la Punch Line de sa période torontoise.

« Un journaliste avait comparé le trio à "trois chiens fous affamés de buts", dira Selke. *Je me rappelle les matchs où la Punch Line coinçait les Maple Leafs dans leur zone par la seule férocité de ses efforts. »*

Chose certaine : le Rocket est arrivé, et la ligue n'aura qu'à bien se tenir au fil des 16 prochaines saisons.

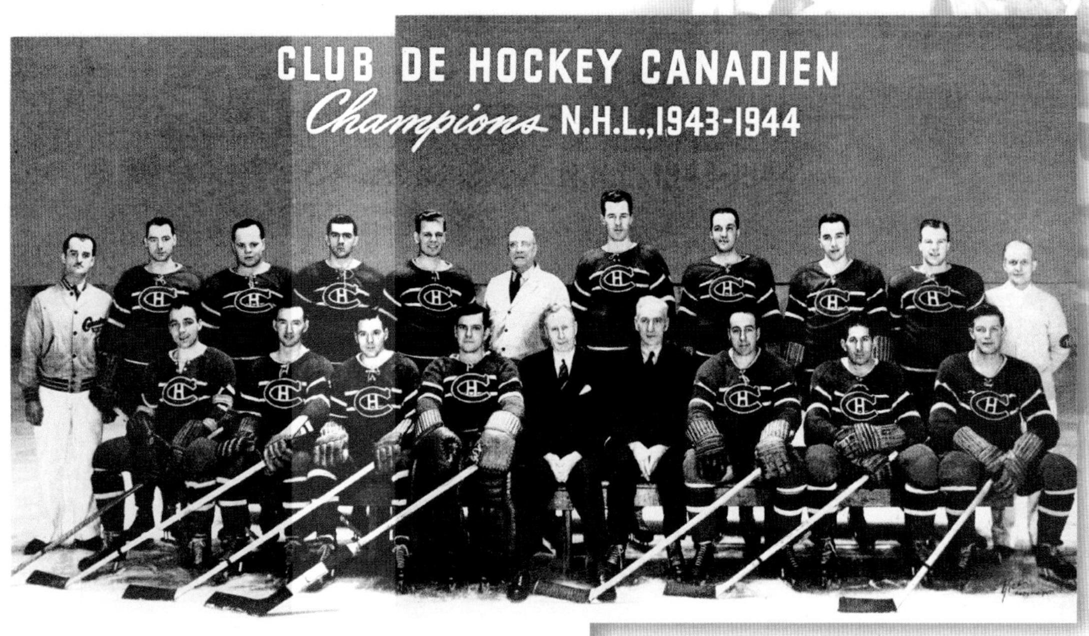

Farmer Frank se met à l'œuvre

Le Canadien de Montréal franchira un bon bout de chemin au milieu des années 40 sous la baguette du sénateur Donat Raymond et du directeur général Tommy Gorman. Pourtant, le sénateur est conscient que l'équipe battra de l'aile sans un réseau de filiales semblable à celui en vigueur en Ontario pour les Maple Leafs de Toronto. L'architecte du réseau ontarien sera non pas Conn Smythe mais plutôt son bras droit, Frank Selke. Si Maurice a pu s'épanouir pour devenir la superstar de son époque, il en doit reconnaissance à cet homme au petit gabarit, venu à Montréal depuis Kitchener, au cœur de l'Ontario.

Farmer Frank est électricien de métier, chef électricien de l'université de Toronto et responsable du programme de hockey universitaire quand Smythe l'attire dans les rangs professionnels avec les Leafs. Selke entreprend de mettre sur pied un système de clubs-écoles axé sur les Marlboros et le collège St. Michael. Plusieurs jeunes hockeyeurs talentueux de l'Ontario et du reste du Canada s'y illustreront.

5 MARS 1949

Le Rocket est félicité par un grand admirateur, Louis Saint-Laurent, premier ministre du Canada.

Quand il se joint à l'équipe, Selke amène avec lui la Kid Line, un trio explosif formé de Joe Primeau, Charlie Conacher et Harvey *Busher* Jackson, ainsi que du défenseur Red Horner, tous issus des Marlboros. Toronto en récolte immédiatement les bénéfices en gagnant la coupe Stanley, et Selke sera pour Smythe un administrateur de hockey de premier plan pendant une quinzaine d'années.

Heureusement pour le Canadien, Conn Smythe possède un amour-propre démesuré. La coupe arrachée par les Leafs en 1945 sous la tutelle de Selke au moment où Smythe est sous les drapeaux, est la goutte d'eau qui fait déborder le vase. À son retour, Smythe fomente une révolution de palais et accuse Selke de déloyauté, si bien que ce dernier quitte l'organisation. Smythe est fou de rage quand il apprend que son ancien employé a pris la direction de Montréal.

Les champions de la coupe Stanley sont reçus à l'hôtel de ville de Montréal en avril 1946.

^
Les négociations contractuelles entre Frank Selke et Maurice Richard ne traîneront jamais, à une époque où il n'y a pas d'agents.

Selke se joint au Canadien le 1er août 1946, quelques mois après que le club eut remporté une deuxième coupe Stanley en trois ans, et se retrousse tout de suite les manches. Des historiens du hockey avanceront que le prédécesseur de Selke, Tommy Gorman, a été traité mesquinement par le sénateur Raymond qui estimait que son équipe aurait dû gagner trois coupes de suite plutôt que deux en trois ans. Il reste que le Canadien est une équipe vieillissante, qui a failli laisser Maurice Richard lui filer entre les doigts.

Le fils du directeur général, Frank Selke fils, discutera de la situation avec le fils de l'entraîneur, Dick Irvin fils, dans l'ouvrage de ce dernier, *The Habs*.

« *À l'arrivée de mon père à Montréal, le hockey junior était pratiquement à l'agonie,* dira Selke fils. *Selon mon souvenir, les équipes juniors jouaient tard le soir, très souvent au Forum après un match de la LNH. Il n'y avait personne dans les tribunes, c'était l'indifférence totale.* »

Il n'y avait personne dans les tribunes, c'était l'indifférence totale.

– Frank Selke fils

Bill Durnan et le Rocket

Pauvres gardiens

Walter *Turk* Broda, un gardien replet, protégera la cage des Maple Leafs de Toronto, équipe par excellence de la LNH vers la fin des années 40, qui gagnera la coupe Stanley quatre fois en cinq ans de 1947 à 1951. Les Leafs battront à deux reprises le Canadien de Montréal en finale, signe que leur défense et Broda sont en mesure de contenir Maurice Richard.

«*La meilleure façon de stopper le Rocket? En priant!* se rappellera **Broda**. *Richard était le plus difficile à contenir. Comment un gardien aurait-il pu anticiper son jeu quand lui-même ignorait ce qu'il allait faire?*»

«*Je suis prêt à parier que jamais durant sa carrière il n'a dit qu'il ferait telle ou telle feinte s'il arrivait seul devant tel ou tel gardien. Il agissait par réflexe. Il lui arrivait de se servir du défenseur comme d'un écran et de décocher un tir puissant du poignet ou encore, dans la même situation, de contourner le défenseur et de tirer du revers quand le gardien s'éloignait du poteau du but.*»

Pour Emile *The Cat* Francis, qui gardera le but de Chicago et de New York dans la LNH, le Rocket constitue un cas unique.

«*Je n'ai jamais vu un joueur plus excitant de la ligne bleue au but,* dira-t-il. *Quand il avait le gardien à sa merci, il complétait le travail sans que tu aies la chance de riposter.*»

«*Il a réalisé le plus beau jeu que j'aie jamais vu alors que j'évoluais pour les Blackhawks. Richard a foncé de la ligne bleue avec deux gros défenseurs, Bill Gadsby et Ralph Nattrass, accrochés à son dos. Il était à genoux quand il est arrivé au filet, mais il m'a quand même déjoué d'un tir dans la lucarne.*»

De tous les gardiens, Jacques Plante aura affronté Richard le plus souvent, lui qui, avant de devenir une étoile de la LNH, gardera le but du Canadien à l'entraînement alors qu'il évolue pour le Canadien senior de Montréal.

«*Il tenait autant à marquer des buts à l'entraînement que lors d'un match, et moi, je tenais tout autant à le stopper,* dira Plante. *Si je repoussais son tir deux ou trois fois de suite, il cassait son bâton sur la bande.*»

«*Il m'a beaucoup aidé à l'époque où je gardais le but à l'entraînement. Il relevait les fautes que je commettais et qui lui laissaient une ouverture. Avec l'expérience, je suis parvenu à le stopper de temps à autre, ce qui ne faisait pas son affaire parce qu'il considérait les gardiens comme des ennemis. Finalement, il m'a fait un grand compliment en me demandant comment je faisais pour anticiper son jeu. Je lui ai dit que s'il poussait la rondelle devant lui sur une échappée, cela indiquait qu'il allait me feinter et que s'il poussait la rondelle à sa gauche, il allait tirer au but.*»

«*Par la suite, il a pris plaisir à foncer vers moi, la rondelle à sa gauche, avant d'exécuter son pivot typique et de tirer du revers.*»

Johnny Bower, victime du dernier but du Rocket, et Glenn Hall, victime de son 500e, ne cachent pas leur admiration pour Richard au moment où ils se confient à Dick Irvin fils. Celui-ci relate leurs propos dans son livre *In the Crease – Goaltenders Look at Life in the NHL.*

«*J'avais beau essayer, j'étais incapable d'anticiper son jeu,* se rappellera Bower. *Il tirait entre mes jambières, au ras de la glace, à ma droite, à ma gauche, de quoi me rendre fou. Le plus beau jour de ma vie a été celui où il a pris sa retraite.*»

Hall d'agréer: «*Quel compétiteur c'était! Le Rocket te forçait à jouer pendant 60 minutes. Même à la 58e minute de jeu, tu savais qu'il ne fallait surtout pas relaxer, car lui ne lâchait jamais.*»

Tous les gardiens de la ligue seront terrorisés par le Rocket.

« Si le hockey junior ne suscitait pas l'intérêt, les Royaux de la Ligue senior du Québec étaient presque aussi populaires que le Canadien de la LNH. Il leur arrivait souvent d'attirer plus de spectateurs à leur match du dimanche après-midi que le Canadien la veille.

« Ils évoluaient dans une ligue où le jeu était très ouvert. L'échec arrière était quasi inexistant, et d'anciens joueurs de la LNH, au style flamboyant, en donnaient pour leur argent aux partisans. (…) Les Royaux ont gagné la coupe Allan en 1947. Curieusement, les joueurs de cette équipe ont été incapables de se tailler une place au sein du Canadien. À l'exception de Doug Harvey et Floyd Curry, ainsi que de Gerry McNeil, un gardien de première classe arrivé un an ou deux plus tard, aucun d'entre eux n'a pu faire sa marque dans la LNH. »

Selke doit concentrer ses efforts aux niveaux midget, juvénile et junior. Il établit d'entrée un système de relève dans les ligues juniors et seniors du Québec, en plus d'investir dans le hockey amateur dans des villes comme Regina, Winnipeg et Edmonton. Ainsi, au départ des vétérans, Maurice Richard sera entouré de joueurs talentueux.

Même les plus grands buteurs doivent à l'occasion jouer en défense.

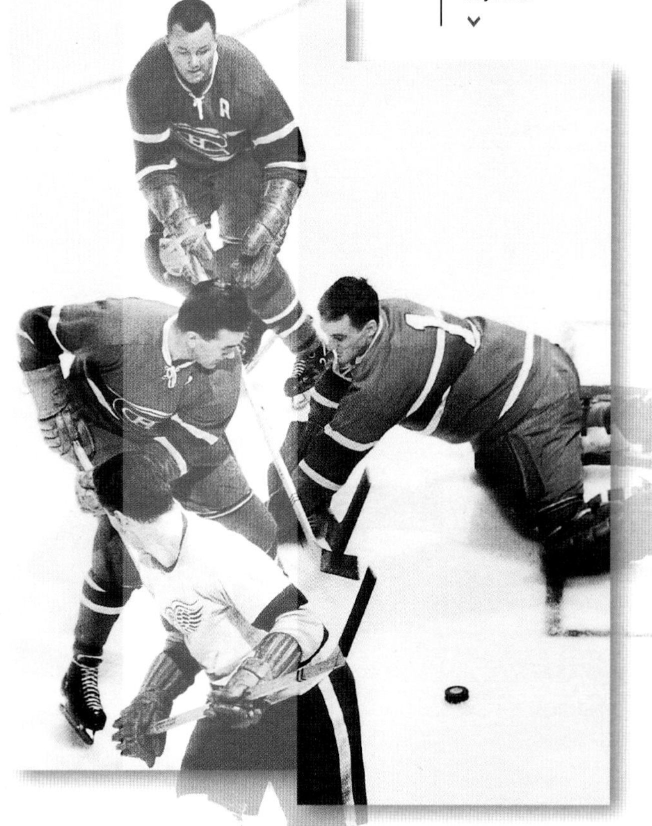

Un modèle de réussite

Maurice Richard est pour Selke un modèle, et non seulement pour ses prouesses sur la patinoire. Catholique convaincu, Selke, qui place les valeurs familiales au premier plan, est impressionné par les rapports du Rocket avec sa famille et la communauté.

Bientôt, des joueurs des Citadelles de Québec, du National de Montréal, du Canadien junior, des Cyclones de Verdun-LaSalle, des Royaux de Montréal et d'autres équipes juniors du Québec voient s'ouvrir devant eux la porte du Forum.

14 AVRIL 1956

Qui dîne bien gagne… Claude Provost, Maurice, Henri Richard et Jean Béliveau au dîner de la coupe Stanley 1956. Le port de la veste aux couleurs de l'équipe prendra fin dans les années 60.

«*Je faisais exprès pour diriger les clubs-écoles comme un fermier,* dira Selke. *J'ai toujours aimé détecter des joueurs prometteurs et les aider à se développer et à mûrir à l'intérieur du système, comme des plantes, jusqu'à ce qu'il soient prêts à passer au palier supérieur.*»

«*Nous avons été des pionniers. Nous avons aidé des équipes partout au Canada. Nous avions dix équipes à Winnipeg, nous avons subventionné tout le système amateur de Regina et, à Edmonton, nous dépensions 300 000 dollars par an pour le développement du hockey amateur. Nous étions en mesure de le faire parce que, chaque saison, la vente de bons joueurs issus de notre système nous rapportait 200 000 dollars.*»

La stratégie du directeur général donnera vite des résultats. L'impact de Richard sur la patinoire attire presque immédiatement au club de nouveaux joueurs francophones.

> *« Je faisais exprès pour diriger les clubs-écoles comme un fermier. »*
>
> *– Frank Selke*

Suzanne Richard, deux ans, chatouille le nez de papa sous le regard amusé de maman Lucille et de sa grande sœur Huguette.

^ *Tout au long de sa carrière, Maurice Richard sera pourchassé par son «ombre».*

Des rivaux témoignent

Les témoignages des étoiles de la LNH sur Maurice Richard en disent long quant à son habileté, à sa force et à sa passion pour marquer des buts.

«L'adversaire le plus féroce et le plus électrisant qu'il m'ait été donné d'affronter ouvrait rarement la bouche sur la patinoire parce que le Rocket parlait avec ses yeux», dira Bill Gadsby, pendant 20 ans défenseur étoile de la LNH.

Ted Lindsay, le brillant ailier gauche des Red Wings de Detroit, aura été le rival le plus acharné de Richard, leurs affrontements appartenant au folklore du hockey. Ennemis jurés sur la glace, les deux s'interdiront tout compliment, sauf longtemps après leur retraite.

«Le Rocket n'avait pas son pareil pour ménager ses forces, commentera Lindsay. *On aurait dit qu'il patinait sans but, mais tout à coup il voyait une ouverture et portait le coup fatal. Il était beau à voir. »*

Red Kelly remportera quatre coupes Stanley à Detroit en tant que défenseur et quatre autres avec les Maple Leafs de Toronto en tant que centre.

«Le Rocket, c'était de la dynamite, jamais je n'ai eu autant de mal à stopper un joueur, se rappellera Kelly. *Il jouait à l'aile droite mais lançait de la gauche, et quand il arrivait à pleins gaz, il avait le don de couper vers le but à angle droit. Il était si fort que lorsque je tentais de le freiner, il attrapait mon bâton d'une main et me repoussait. Tenter d'arrêter sa marche vers le filet a été la tâche la plus dure de ma carrière de hockeyeur, tellement il était vif et fort.»*

Gadsby précisera qu'il arrivait rarement au Rocket de couper vers le but devant lui.

«Il tentait de me déplacer vers la bande pour ensuite couper derrière moi, dira-t-il. *C'est exactement ce que je voulais que fassent la plupart des joueurs parce que j'étais bon à ce jeu. Mais le Rocket n'était pas un joueur ordinaire. Il se distinguait par son sens de l'équilibre et sa force. Il se débarrassait de moi d'une main et de l'autre il ramenait la rondelle sur son bâton.»*

Hal Laycoe, qui sera le coéquipier de Richard avant de devenir son controversé adversaire, exprimera un point de vue original sur le Rocket.

«Personne n'a joué avec autant d'émotion, dira-t-il. *Il a été le hockeyeur le plus émotif de l'histoire, et il en a fait une force.»*

Selon Lindsay, Richard et lui partageaient le même désir intense de victoire, ce qui donnera lieu à l'une des rivalités les plus amères de tout le sport.

«On s'est tout de suite haïs, constatera Lindsay. *Je ne reculais devant rien pour le faire sortir de ses gonds, allant même jusqu'à le narguer au sujet de ses ancêtres. Tous les moyens étaient bons pour le distraire et nous aider à gagner. Il m'a flanqué des raclées à quelques reprises.»*

«Il a été le meilleur de tous de la ligne bleue au filet. Il avait un bon coup de patins, il était fort et impitoyable, et il ne perdait jamais le filet de vue.»

«Je ne vivais que pour le hockey 24 heures sur 24, écrira Bernard Geoffrion dans sa biographie *Boum Boum Geoffrion*, écrite en collaboration avec Stan Fischler. *Quand les matchs du Canadien étaient radiodiffusés, j'écoutais attentivement chaque fois que l'on mentionnait le nom du Rocket. À mes yeux, personne ne lui arrivait à la cheville; quand il marquait un but, le rugissement de la foule m'enchantait.»*

Geoffrion, l'inventeur du tir frappé, d'où son surnom, aura la chance de révéler à son idole qu'il rêve de suivre ses traces au Forum.

«Le Rocket s'entraînait en faisant de la bicyclette et son itinéraire l'amenait souvent à passer devant le restaurant de mon père à Bordeaux, un quartier de Montréal, écrira Geoffrion. *Il a commencé à s'arrêter au restaurant; un jour, je me trouvais là quand il est entré. Mon père m'a présenté à lui. Je lui ai dit: "Monsieur Richard, vous êtes mon idole. Je vous suis tout le temps à la radio. Je vais travailler très fort, parce que je veux devenir ce que vous êtes." Il m'a répondu: "J'espère que tu y arriveras, jeune homme."»*

Un peu étroit peut-être mais qu'importe: Maurice ajoute un chapeau à sa collection.

Quand Maurice Richard marquait un but, le rugissement de la foule m'enchantait.

– Bernard Geoffrion

Plus loin, à Victoriaville, au cœur du Québec, un adolescent du nom de Jean Béliveau est lui aussi emballé par le plus grand héros du Canada français.

« *Comme des milliers de jeunes, j'avais passé les samedis soirs de mon enfance rivé au poste de radio familial, à écouter* La Soirée du hockey. *J'imaginais, je voyais tous ses gestes, toutes ses feintes. Le lendemain matin, après la grand-messe, j'essayais de faire la même chose que lui, sur la patinoire derrière la maison* », dira le *Gros Bill*.

« *Plus tard, devenu son coéquipier, je continuais à éprouver pour lui une sorte d'admiration un peu craintive. Lorsque je m'arrêtais à penser que c'était Maurice Richard qui nous avait ouvert la voie, j'étais subjugué, submergé par le respect. Mais il était lui-même plutôt timide et modeste. Il était d'autant plus attachant qu'il ne parlait jamais de ses exploits.* »

Frank Selke a la main pour développer des joueurs québécois. La génération d'étoiles du cru qui côtoiera le Rocket dans le vestiaire durant les années 50 est prête, comme Richard, à défoncer les murs pour l'emporter parce qu'elle est consciente, comme lui, de l'importance de porter la Sainte Flanelle avec l'écusson CH.

La rénovation de fond en comble du Forum en 1949 contribuera aussi aux succès de l'équipe. La capacité est portée à 13 000, ce qui aide à défrayer le système de filiales mis sur pied par Selke.

Une fracture à une jambe mettra fin à la carrière de Toe Blake et, du même coup, à la Punch Line.

Tandis que Selke bâtit son réseau de clubs-écoles, le Canadien compte sur une équipe de vétérans formée d'étoiles tels les défenseurs Kenny Reardon et Butch Bouchard, le gardien Bill Durnan et les avants Toe Blake, Elmer Lach, Buddy O'Connor, Billy Reay et Kenny Mosdell.

Le 11 janvier 1948, Toe Blake se fracture une cheville, le Canadien perd 3-1 contre les Rangers au Madison Square Gardens, et c'est le début de la débandade. L'équipe termine au cinquième rang, ratant les séries par quatre points. L'année suivante, même si Lach, Bouchard et Reardon, blessés, sont absents une bonne partie de la saison, le Canadien parvient à se classer troisième avant de s'incliner en demi-finale devant Detroit en sept parties.

Entre-temps, Doug Harvey s'est joint à l'équipe tandis que Tom Johnson et Bob Turner, deux joueurs de l'Ouest, solidifieront la défense tout au long des années 50. Un échange judicieux envoie à Chicago le rapide Léo Gravelle en retour d'un solide gaillard, l'ailier gauche Bert Olmstead. Trois ans après sa retraite, Toe Blake est enfin remplacé.

La force tranquille

Butch Bouchard cimentera l'équipe montréalaise dans les années 40 et au début des années 50. Lui et Maurice partageront quatre coupes Stanley.

En cinq ans, la formation est entièrement renouvelée. Maurice Richard est maintenant entouré de joueurs de talent formés au Québec, qui gagneront la coupe Stanley à répétition : Béliveau, Henri Richard, Geoffrion, Dickie Moore, Jean-Claude Tremblay, Gilles Tremblay, Jean-Guy Talbot, Donnie Marshall, Claude Provost, Phil Goyette, Jacques Plante.

Sur un trio, le Rocket et Dickie Moore flanquent Henri Richard tandis que sur l'autre, Béliveau est entouré de Geoffrion et Olmstead, ce qui donne au Canadien l'attaque la plus dévastatrice de l'histoire de la ligue. À la ligne bleue, Harvey, Johnson, Talbot et Turner protègent Plante, une défense quasi impénétrable.

Le réseau de filiales de Frank Selke fonctionnant maintenant à plein régime, le Canadien sera, dans les années 50, le one man show de la Ligue nationale de hockey.

Le Canadien, version 1946-1947

Un homme d'équipe

Si la controverse et la diversité des points de vue sur l'athlète et l'homme font partie intégrante de la carrière de hockeyeur de Maurice Richard, ses coéquipiers au sein du Canadien de Montréal seront unanimes : le Rocket aura été un athlète extraordinaire, un leader né et un ami loyal.

« *C'était un homme bon, très réservé et tranquille* », dira Ray Getliffe, son coéquipier durant les trois premières années de la carrière de Richard. « *Il menait une vie sans histoires et, sur la glace, il n'était que force brute, vitesse et émotion.* »

Déjà une étoile alors que, ayant quitté les As de Québec après une valse-hésitation de trois ans, il se joint au Canadien en 1953, Jean Béliveau saisit vite à quoi se résume la vie au sein du Canadien.

« *Lorsque je suis arrivé à Montréal, le Canadien avait beau être géré par Frank Selke, il était en réalité l'équipe de Maurice Richard. Le Rocket était le cœur et l'âme du Canadien, une source d'inspiration pour nous tous, surtout pour les jeunes Canadiens français qui se bousculaient dans l'ombre pour accéder à la grande ligue. C'était un personnage mythique, plus grand que nature à certains égards, mais quand même un homme tout ce qu'il y avait d'ordinaire.*

« *Les exploits de Richard coïncidaient avec la période de grande mutation que vivait le Québec et qui allait balayer plus de 300 ans d'histoire. Il représentait le symbole de la réussite malgré tout. Les Canadiens français qui étaient peu intéressés par le hockey le comprenaient clairement, et Richard était souvent cité en exemple à ses compatriotes.* »

Elmer Lach, un Saskatchewanais, centre de la puissante Punch Line avec Richard et Toe Blake, sera pendant plusieurs saisons le compagnon de chambre de Richard.

« *Maurice était un partenaire de golf agréable en été et un pêcheur averti qui connaissait les meilleurs endroits dans le nord du Québec, mais il était toujours gonflé à bloc durant la saison de hockey.* »

À la blague, Lach révélera un « secret » du succès de Richard : « *Le Rocket dormait 12 heures par jour. Voilà peut-être pourquoi il avait tant d'énergie sur la glace.* »

Le gardien **Jacques Plante**, lui-même chaud supporter de Richard, fera du Rocket une analyse en profondeur.

« *Je suis peut-être partial parce que je l'ai vu disputer 400 matchs dans la LNH et j'étais alors un observateur privilégié. Gordie Howe était peut-être meilleur, à moins que ce ne soit Bobby Hull, Phil Esposito ou Jean Béliveau. Mais je sais de façon certaine que si je devais choisir le joueur des grandes occasions, j'opterais pour le Rocket.* »

Selon Plante, Richard aura toujours prêché par l'exemple.

« *Le Rocket était un homme très tranquille. En voyage, il nous regardait jouer aux cartes et riait aux bonnes blagues. Il prenait toujours la responsabilité d'une défaite, sans jamais pointer quelqu'un du doigt. Si un joueur ne travaillait pas assez fort ou jouait au plus fin, il suffisait habituellement d'un regard furieux du Rocket pour régler le problème.* »

^ ***Maurice et la « vieille garde » célèbrent une victoire à la fin des années 40.***

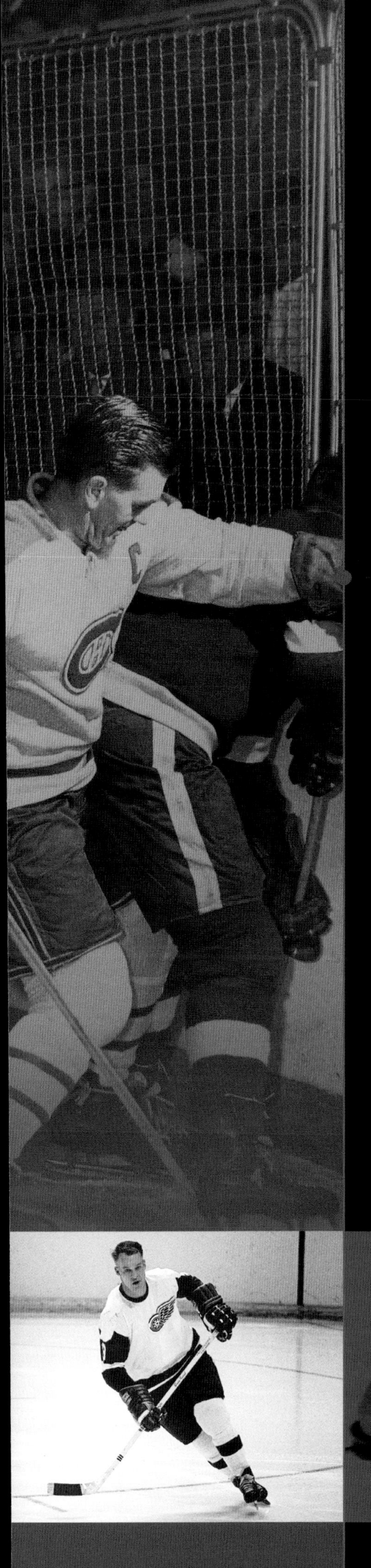

La bataille des 9

La tentation est forte de comparer les grands athlètes. Déterminer lequel apporte le plus à son sport peut faire l'objet de discussions et d'arguments interminables. Le hockey aura donné lieu à des confrontations entre des joueurs qui rivalisaient pour les plus grands honneurs et pour une place au sein des équipes d'étoiles. Pourtant, aucune comparaison n'aura suscité autant de controverse pendant si longtemps que celle entre Maurice Richard et Gordie Howe, à l'exception peut-être du débat concernant les baseballeurs Ted Williams et Joe DiMaggio, qui fera rage tout au long de leurs carrières.

Le fait que Richard et Howe aient préconisé des styles de jeu si différents aura contribué à alimenter le débat. Doté d'un tempérament de feu, toujours tendu, semblant toujours prêt à exploser, Richard est le joueur le plus électrisant de la LNH. Howe, lui, pratique un style de jeu si efficace et en apparence si facile qu'il donne souvent l'impression fausse de ne pas donner son plein rendement.

Robert et Richard, inc.

Deux des plus grands héros du Forum, le lutteur Yvon Robert et le Rocket, dans une amicale épreuve de force. Les deux rempliront à tour de rôle le Forum dans les années 40 et 50.

Red Burnett, qui couvrira la LNH pour le *Toronto Star* pendant la majeure partie de la carrière des deux grands ailiers, est en mesure de proposer une évaluation judicieuse de cette rivalité.

« Il fallait épier les moindres gestes de Howe et faire le compte de tous les petits aspects du jeu qu'il maîtrisait si bien – par exemple voler la rondelle, faire une petite passe astucieuse, appliquer une mise en échec solide dans sa propre zone ou retenir la rondelle longtemps sur son bâton pendant une pénalité. À la fin de la soirée, le bilan était décidément positif.

« Au cours du même match, le Rocket pouvait passer inaperçu, mais il fallait toujours l'avoir à l'œil pour ne pas rater l'explosion. Tout à coup, d'un geste brusque, il contournait le défenseur en le repoussant d'une main et en ramenant de l'autre la rondelle sur le bâton avant de couper vers le filet et de marquer un but. Le match terminé, on ne parlait plus que du Rocket. »

Burnett se plaira à raconter cette histoire à propos de la légende du Rocket pour qui le succès de l'équipe a priorité sur les exploits individuels.

«Le Canadien et les Leafs avaient fait match nul 4-4 au Maple Leaf Gardens en 1947. Le Rocket n'avait fait que marquer trois buts en plus d'obtenir une passe sur le quatrième. Nous voulions avoir une photo de lui dans le journal du lendemain. J'ai entraîné un photographe dans le vestiaire et j'ai demandé à Richard d'embrasser son bâton. Il m'a regardé droit dans les yeux et m'a dit: "Embrasse le maudit bâton toi-même! Après tout, on n'a pas gagné!"»

Les Leafs sont sur leurs gardes quand le Rocket est dans la mêlée.

“Le match terminé, on ne parlait plus que du Rocket.”

– Red Burnett, *Toronto Star*

Leurs carrières dans la LNH se chevaucheront durant 14 saisons, des débuts de Howe, à 18 ans, en 1945, jusqu'à la retraite de Richard, en 1960. Sur cette période, les deux joueurs seront choisis à 11 reprises au sein des équipes d'étoiles, le Rocket étant sélectionné six fois au sein de la première en regard de sept pour Howe. Huit fois en neuf saisons, les deux joueurs domineront le scrutin à l'aile droite, y compris durant six saisons consécutives, de 1948-1949 à 1953-1954.

Le débat Richard-Howe ne vise pas à déterminer lequel est l'athlète le plus complet – la plupart donnent la palme à Howe à cet égard; il porte plutôt sur la valeur que chacun représente pour son équipe. Richard n'est pas le type d'ailier capable de tout faire sur toute la longueur de la patinoire, mais son aptitude à marquer des buts sous pression (82 en séries, dont 18 gagnants et six en prolongation) et son leadership forcené le placent au sommet bien qu'il n'y soit pas arrivé par le même chemin que Howe.

Le Rocket et Gordie seront ensemble sélectionnés 22 fois au sein des équipes d'Étoiles durant leurs illustres carrières.

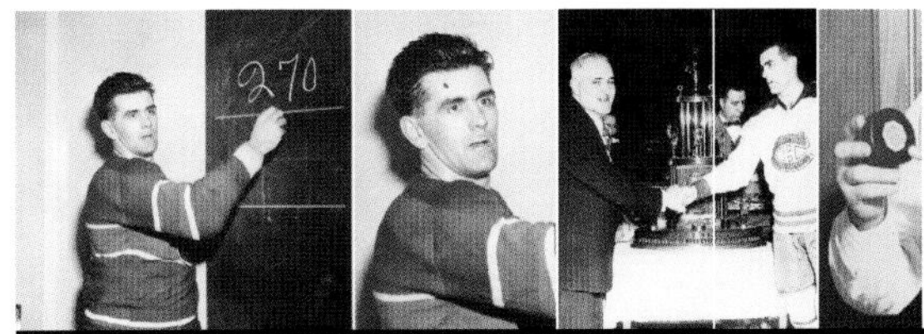

À la poursuite d'un record

Il y a de l'électricité dans l'air quand démarre la nouvelle saison de la Ligue nationale de hockey, tard en octobre 1952.

Le record de buts – 324 – établi par l'ancien capitaine des Maroons, Nels *Old Poison* Stewart, est à la portée de Maurice Richard qui, lui, en revendique 319. Dès la première mise en jeu de la saison, les médias montréalais entreprennent le compte à rebours.

Six matchs plus tard, le Rocket est toujours en quête d'un premier but.

La pression se relâche quand le Canadien fait match nul 2-2 avec les Blackhawks le 23 octobre grâce à deux buts du Rocket. Deux soirs plus tard, Montréal humilie Terry Sawchuk et les Red Wings 9-0, et le Rocket inscrit un autre but.

Le Canadien a ensuite rendez-vous avec Toronto au Maple Leaf Gardens, le 29 octobre. Les quotidiens locaux entrent dans l'arène, le *Telegram*, le *Globe and Mail* et le *Daily Star* affichant le compte à rebours à la une. À son arrivée à l'hôtel, l'équipe est assaillie par les journalistes et les fans. Plusieurs joueurs ont tôt fait d'entourer Richard qui disparaît dans sa chambre, à l'abri de la meute.

Dans leurs spéculations, les journalistes n'envisagent même pas la possibilité que Richard marquera un but. Ils s'interrogent plutôt à savoir si le Rocket en inscrira deux pour égaler le record, ou trois pour établir le sien propre. Il va de soi que les 14 069 fidèles des Leafs le huent copieusement dès qu'il touche à la rondelle, réservant leurs applaudissements pour le défenseur recrue Tim Horton qui fait faire la culbute au Rocket tôt en première période.

L'animosité de la foule torontoise a sur Richard l'effet d'un coup de fouet. Après 11 minutes, le Rocket reçoit une passe d'Elmer Lach, contourne la défense en un éclair et déjoue habilement le gardien Harry Lumley. C'est son 323e but. Six minutes plus tard, il traîne deux défenseurs et un avant jusque dans le rectangle de Lumley, et la rondelle roule doucement jusque dans le filet.

Rendons à César ce qui lui appartient: les fans torontois ovationnent Richard, mais, à leur grande déception, le Rocket sera par la suite tenu en échec, et le Canadien sera battu 7-5.

Maurice Richard dispute ensuite trois matchs sans marquer un but. Le 8 novembre, les partisans du Forum sont sur les dents quand les Blackhawks affrontent le Canadien. Tôt en deuxième période, le compagnon de trio du Rocket, Elmer Lach, marque le 200e but de sa carrière, le premier de deux ce soir-là. Peu après, le Rocket tire sur le but d'Al Rollins, au moment même où un défenseur fait trébucher l'ailier Bert Olmstead dans le rectangle du gardien. La rondelle semble effleurer Olmstead, mais l'arbitre Red Storey signale tout de suite que Richard vient de marquer. Un vent de folie balaie le Forum, en ce soir qui marque en plus le dixième anniversaire du premier but du Rocket dans la LNH.

Après le match, les joueurs, revenus au vestiaire, remarquent à peine que les poubelles sont amochées et leur contenu éparpillé sur le plancher. Arrivé le premier, Olmstead s'est défoulé. En plus d'avoir marqué le but attribué à Richard, son tir, sur le 200e de Lach, a touché un défenseur de Chicago avant de pénétrer dans le but, mais là encore Storey a jugé que Lach en était l'auteur.

À la remise en jeu après le but de Richard, un ailier de Chicago – les Blackhawks savent qui a marqué – demande à Olmstead: *« Pourquoi n'as-tu pas dit que c'était toi, le marqueur? »*

De répliquer Olmstead: *« Parce que je ne voulais pas qu'on me tire dessus. »* Ainsi donc, au lieu d'un tour du chapeau, *Big Bert*, de Sceptre en Saskatchewan, devra se contenter d'un but qui sera vite oublié.

Quant au Rocket, ayant maintenant marqué son 325e, il ne sera plus jamais en quête d'un autre record. Dorénavant, c'est lui qui établira les marques, laissant aux autres le soin de les dépasser.

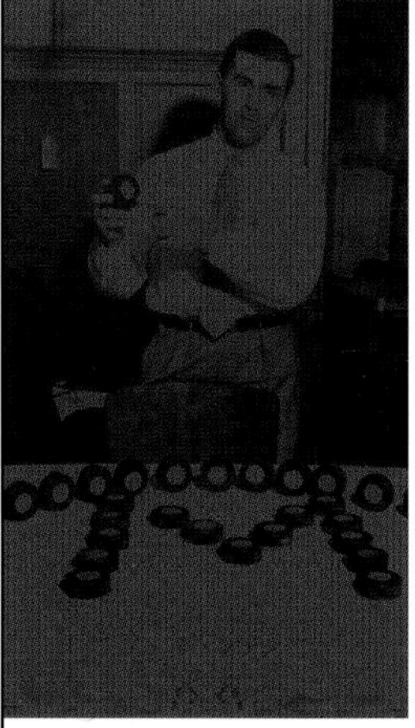

^
À ce stade de la saison, Maurice revendique 30 buts, assez pour former l'initiale de son prénom.

Red Storey, lui-même excellent athlète, notamment au football et à la crosse, aura été arbitre au plus fort de la rivalité Richard-Howe, dans les années 50. Son évaluation des deux étoiles est peut-être celle qui fait le plus l'unanimité chez ceux qui ont suivi de près leurs carrières.

« Les fans débattaient à savoir qui était, de Gordie ou du Rocket, le meilleur joueur de l'histoire. Quand on me posait la question, je répondais que Rocket Richard était le plus grand marqueur et le joueur le plus excitant au monde. J'ajoutais que Gordie Howe était le plus grand joueur de l'histoire. C'étaient deux individualités. Personne n'avait autant de talent que Howe et personne n'avait autant l'instinct du marqueur que le Rocket. Peu importe si je faisais plaisir à tout le monde et à son père, mais c'était mon sentiment. »

Rivaux toujours

La rivalité Montréal-Toronto se poursuit sur les links; Elmer Lach et Maurice affrontent Jim Thomson et Teeder Kennedy des Leafs.

Red Kelly aura eu plus que tout autre joueur de la LNH la chance d'évaluer les deux rivaux. Il passera 21 saisons dans la LNH, dont 13 avec les Red Wings en tant que défenseur où, aux côtés de Howe, il affrontera le Rocket à la faveur de plusieurs séries éliminatoires historiques. Échangé aux Maple Leafs de Toronto en février 1960, il y excellera pendant huit saisons, mais au centre cette fois.

Dans l'excellente biographie non autorisée de Roy MacSkimming, *Gordie : A Hockey Legend*, Kelly juge ainsi les deux ailiers.

« Gordie était fort comme un bœuf et très polyvalent. Il jouait salaud à l'occasion. Je l'ai vu fracturer le nez d'un joueur des Rangers qui n'était pas très gros, mais qui avait assené à Gordie un coup de bâton à une jambe. Gordie l'a prévenu de ne pas recommencer et, à son retour sur la patinoire, comme ça, mine de rien, le type a subi une fracture du nez. Gordie n'a pas été puni parce que l'arbitre, comme tout le monde, n'avait rien vu. Gordie était comme ça.

« Gordie était différent du Rocket. Celui-ci était davantage l'homme des grandes occasions. Gordie était un joueur plus complet, mais le Rocket pouvait se montrer plus dynamique. »

Tandis qu'il est entraîneur des Maple Leafs, on demande à Kelly d'évaluer la rivalité entre les Red Wings et le Canadien dans les années 50. Les Wings gagneront la coupe en 1952, 1954 et 1955, ces deux dernières années en sept matchs contre le Canadien. Le Tricolore répliquera en 1953 avant d'être couronné champion cinq fois de suite, un record, de 1956 à 1960.

« Jusque vers la fin des années 50, les deux équipes étaient tellement d'égale force qu'un rebond chanceux pouvait décider de la coupe. Dans la septième partie de la finale, en 1954, Gaye Stewart, du Canadien, a frappé le poteau à une minute de la fin avant que Tony Leswick ne marque pour nous le but de la victoire en prolongation. En 1955, le match était à égalité tard en troisième période du septième match. Le Canadien a raté quatre excellentes chances de marquer et nous l'avons finalement emporté. La chance aidant, ils auraient pu gagner huit coupes Stanley d'affilée. »

L'arbitre Red Storey aura beau avoir des démêlés avec le Rocket, il tentera toujours de faire prendre de meilleures habitudes au fougueux ailier.

« Gordie était un joueur plus complet,
mais le Rocket pouvait se montrer plus dynamique. »

– Red Kelly

Seule façon de terminer la saison, le Rocket, Elmer Lach et Butch Bouchard célèbrent une autre coupe Stanley.

Frank Selke doit bien peser ses mots quand il s'agit d'évaluer les deux grands ailiers, car le Rocket a assuré le succès de son équipe. Après la retraite de Richard, cependant, Selke abordera la question dans une interview avec Vern DeGeer, journaliste à la *Montreal Gazette*.

« *Sans vouloir rien enlever au Rocket ou à tout autre, Gordie Howe est le joueur le plus complet de l'histoire du hockey,* dira-t-il à DeGeer. *Il y a quelques années, King Clancy* (joueur, arbitre et administrateur de la LNH pendant 70 ans) *a déclaré : "S'il y avait deux patinoires à Montréal où Howe et Richard joueraient des matchs simultanés, chacun de son côté, le Rocket ferait de meilleures recettes au box-office." Richard n'avait pas son égal pour soulever la foule et marquer des buts spectaculaires, mais Howe était plus polyvalent que tout autre joueur, et je sais que le Rocket est d'accord avec moi.* »

HUIT BAGUES

À sa retraite, le Rocket compte huit coupes Stanley à son palmarès. D'autres Canadiens, y compris son frère Henri (11) et Jean Béliveau (10), dépasseront cette marque.

Une société d'admiration mutuelle

Quel genre de rapports ces deux grands joueurs entretiennent-ils ? Au fil des ans, Richard et Howe seront de farouches rivaux au sein d'équipes qui se détestent et qui disputeront des matchs parmi les plus intenses et violents de l'histoire. Durant sa carrière, Howe s'exprimera peu sur Richard tandis que celui-ci fera dans une seule phrase l'éloge et la critique de son adversaire.

« *Howe est un grand joueur, le meilleur que j'aie affronté, mais il devrait se défoncer davantage,* dira Richard vers la fin de sa carrière. *Il ne me donne pas l'impression de travailler assez fort. C'est un joueur plus complet que moi, peut-être le meilleur, mais il aurait dû marquer plus de buts importants, notamment durant les séries.* »

Son excellence en séries sera le plus grand sujet de fierté de Richard. Il marquera 82 buts en 133 parties, y compris six buts gagnants en prolongation. Howe inscrira 68 buts en 157 matchs et, curieusement, il n'en marquera pas un seul en prolongation même si les Wings en disputeront 22 durant la carrière de Howe à Detroit.

Deux autres jalons : les 400e et 500e buts

Al Rollins, qui évoluera huit saisons dans la LNH avec Chicago, Toronto et New York et qui sera l'un de quatre gardiens seulement à gagner le trophée Hart à titre de joueur par excellence, dira un jour à la blague que son vrai travail avait été celui de *« victime des buts jalons de Maurice Richard »*.

Rollins garde le but des Blackhawks en novembre 1952 quand Richard marque le 325e but de sa carrière, brisant ainsi le record, vieux de 22 ans, établi par Nels *Old Poison* Stewart.

Puis, le 18 décembre 1954, Rollins, à Chicago, est la victime du 400e but du Rocket qui, applaudi à tout rompre par les joueurs du Canadien, est salué avec moins de ferveur par les partisans du Chicago Stadium.

« Cette fois-là au moins, il n'y a pas eu une ovation de dix minutes comme le soir où Richard a brisé le record de Stewart à Montréal », se consolera Rollins.

Au début de la saison 1954-1955, Richard totalise 384 buts; il aura besoin de 32 parties pour marquer les 16 qui lui feront atteindre le cap des 400. Il connaît un lent début de campagne, étant tenu en échec durant les six premières parties.

Le Rocket disputera 176 autres matchs avant d'atteindre le plateau suivant – 500 buts – durant la saison 1957-1958. À sept buts de l'objectif au début de la saison, il lui suffira de six matchs et d'une semaine pour l'atteindre.

Richard atteint le chiffre magique le 19 octobre au Forum où, après avoir reçu une passe de Jean Béliveau, il déjoue le gardien des Blackhawks, Glenn Hall, ce qui déclenche une autre longue ovation.

Après le match, le Rocket dédie la rondelle de son 500e but à Dick Irvin père, son ancien entraîneur décédé plus tôt dans l'année.

« Je lui dois tout ce que je sais du hockey », dira-t-il ce soir-là.

Moins d'un mois plus tard, Richard ressentira une émotion d'un autre type. Il se coupe le tendon d'Achille juste au-dessus du talon, ce qui lui fera rater 42 parties.

^
Le 19 décembre 1954, après avoir marqué son 400e but, le Rocket est accueilli en héros par deux comédiens de la populaire série télévisée* La famille Plouffe, *Émile Genest et Pierre Valcour.

(Ci-dessus, à gauche) ***Quand le train de l'équipe arrive à la gare Windsor, des centaines de fans accueillent le Rocket.***

« Le » but

Pour Maurice Richard, la campagne 1951-1952 sera synonyme de frustration.

Au match inaugural, le Canadien l'emportera 4-2 sur Chicago grâce à deux buts de Bernard Geoffrion et à un du Rocket. L'optimisme règne à Montréal. Pourtant, Detroit domine la saison régulière après avoir commencé à se détacher des Leafs et du Canadien au milieu du calendrier.

Le 31 décembre, le Canadien signe sa première victoire sur les Wings en huit rencontres, 5-3. Le Rocket marque son 19e but de la saison tandis que Gordie Howe réussit le tour du chapeau dans une cause perdue.

Richard est tenu en échec au cours des quatre matchs suivants avant d'inscrire un tour du chapeau dans une victoire de 8-3 sur Chicago. Le 6 février, Richard, blessé à une jambe, est retiré de l'alignement et envoyé en Floride pour s'y reposer et soigner sa blessure. Il termine la saison avec 27 buts, quatrième de la ligue à ce chapitre, un exploit, compte tenu qu'il a raté 22 parties, mais il n'est pas à son mieux au moment où s'amorcent les séries.

En demi-finale, le Canadien est mis à mal par les Bruins, quatrièmes en saison régulière. Au sixième match à Boston, il évitera l'élimination grâce à un but en prolongation de Paul Masnick.

Au début de la deuxième période du match décisif, le Rocket tente de contourner à sa façon typique le défenseur Hal Laycoe. L'avant des Bruins Léo Labine surgit de l'autre côté derrière Laycoe et projette Richard tête première sur la glace. On entendrait une mouche voler dans le Forum alors que Richard, étourdi et en sang, est escorté jusqu'à la clinique.

À cinq minutes de la fin du match, Richard revient lentement au banc de son équipe, tête baissée, serviette au cou.

« Peux-tu y aller? » demande Irvin, l'entraîneur, quasi convaincu que Richard souffre d'une commotion cérébrale. Et Richard, qui, contre l'avis du médecin, a catégoriquement refusé de se rendre à l'hôpital pour une radiographie, de répondre oui.

« O.K., vas-y! »

Quatre minutes avant la fin de la troisième période, Richard reçoit une passe de Butch Bouchard dans sa propre zone et esquive Fleming Mackell à la ligne bleue. Dans la zone neutre, il laisse dans son sillage Woody Dumart et un autre attaquant des Bruins avant de pénétrer en zone ennemie. Il tente par une feinte de forcer Bill Quackenbush, un gros défenseur, à se déplacer vers le milieu dans l'espoir d'une collision avec son partenaire Bob Armstrong, mais Quackenbush, très fort, entraîne le Rocket vers le coin.

Tout à coup, le Rocket repousse le défenseur d'une main et fonce vers le but de Boston. Armstrong vient à sa rencontre, mais Richard le feinte avant d'avancer vers Sugar Jim Henry qui arbore un visage tuméfié, résultat d'une fracture du nez et de deux yeux au beurre noir plus tôt dans la série.

Surpris par une feinte, Henry se jette sur la glace, et Richard tire dans le filet – le « but du siècle », selon certains observateurs. Le Canadien l'emporte 2-1, et la photo des deux gladiateurs blessés se serrant la main deviendra un classique du sport *(en haut à gauche)*.

Au vestiaire après le match, Richard, en pleurs, sera victime de graves convulsions. Ses coéquipiers se dépêchent à ses côtés, retenant ses bras et ses jambes qui battent l'air, et le médecin de l'équipe, Gordon Young, lui administre un puissant sédatif. Richard sanglote ensuite dans les bras de son père jusqu'à ce que la médication fasse effet. Deux heures passeront avant que le Rocket ne soit en état de retourner à la maison.

Quand Howe en sera à sa dernière saison, en 1979-1980, de retour dans la LNH après un séjour dans l'Association mondiale de hockey, Richard sera invité à exprimer son avis sur le fait que Gordie joue toujours au hockey à 52 ans.

« *Les joueurs apprennent à jouer dans leur enfance et c'est comme ça qu'ils joueront toute leur vie,* dira Richard. *Plusieurs techniques manquent aux joueurs de la nouvelle génération. Ils savent qu'ils n'ont pas à manier le bâton et qu'il suffit de courir après la rondelle. Le jeu est peut-être plus rapide aujourd'hui, mais les équipes se contentent de lancer la rondelle au bout de la patinoire et de courir après. Le hockey est devenu une course à pied, et c'est peut-être pourquoi Gordie tire encore son épingle du jeu.* »

En 1964, quatre ans après la retraite de Richard, le *Miami Herald* publiera une série où dix champions sportifs choisiront le meilleur de leurs sports respectifs. Richard, sélectionneur pour le hockey, choisira Howe et rendra un hommage vibrant à son éternel rival.

« *Howe est le meilleur maintenant et ça dure depuis 16 ans,* écrira Richard. *La beauté de son jeu, c'est qu'il fait tellement de choses positives mine de rien, alors qu'il doit sûrement faire de très grands efforts. C'est un joueur de hockey complet.* »

Maurice donne à des coéquipiers et au gardien de Boston Red Henry une leçon sur l'art de marquer des buts.

La réplique de Howe est signe que les deux grands combattants viennent de fonder une société d'admiration mutuelle.

« La LNH n'a jamais eu un joueur plus spectaculaire que le Rocket ni quelqu'un d'aussi dangereux dans les grandes occasions », dira Howe.

Toe Blake, un vieux compagnon de trio de Richard, fera écho au « mystère » dont s'entoure Richard.

« Je considérais le Rocket comme un vieil ami, mais je n'étais pas vraiment son intime, comme le sont les vrais amis. Il ne s'est jamais vraiment révélé. Il avait peut-être le sentiment que si les gens en savaient trop sur sa personne, ils décèleraient ses faiblesses et en tireraient avantage. »

Aux funérailles de Richard, Howe se dira surpris des choses qu'il apprendra sur le Rocket.

« Il avait sept enfants ? Je ne l'ai jamais su. On ne savait jamais à quoi il pensait. C'était un homme tranquille. Sur la patinoire, je lançais : "Salut, Rocket !" et il répondait par un grognement. Je ne le connaissais pas vraiment et je pense que c'est aussi le cas de son frère Henri. »

Le Pocket Rocket arrive...

Le Rocket est en plein essor, les Dickie Moore, Bernard Geoffrion, Jacques Plante et Jean Béliveau, tous issus de la ligue junior du Québec, sont en train de se forger une brillante carrière dans la Ligue nationale de hockey, et le Québec n'en a que pour le Canadien de Montréal.

Henri Richard, de 15 ans le cadet de Maurice, a un gabarit moins impressionnant que son aîné – 1 m 70 pour 72 kilos tout en muscles. Quand il se présente au camp d'entraînement en septembre 1955, d'aucuns estiment qu'on le met à l'essai par courtoisie envers le Rocket.

À l'évidence, Richard le Jeune ne le voit pas de cet œil. Il ne s'agit pas pour lui de patiner un peu avec les grands avant de retourner « à sa place », dans le hockey junior. Les observateurs avertis comprennent vite que la recrue entend saisir l'occasion pour se tailler une place au sein de l'équipe.

« *Personne ne peut enlever la rondelle à Henri Richard* », dira à Frank Selke l'ancien défenseur Ken Reardon.

« *D'accord, mais il est tout petit* », de répliquer le directeur général qui, possédant lui-même un physique peu imposant, préfère les costauds.

Jean Béliveau est un centre très costaud, qui dépasse le Pocket Rocket de plus de 20 centimètres et pèse une vingtaine de kilos de plus. Après trois ans dans la LNH, il est déjà le meilleur à sa position.

« *Il est peut-être petit, M. Selke,* fera remarquer Béliveau, *mais il me donne du fil à retordre comme à tout le monde. Je pense qu'il devrait rester.* »

« *Le renvoyer chez les juniors serait dangereux,* affirmera Maurice, l'aîné. *Ils savent qu'il est mon frère et ils se mettent à plusieurs contre lui. Il est plus en sécurité dans la LNH. Cela dit, vous n'avez pas à vous faire de soucis pour Henri : c'est un dur à cuire.* »

Le Rocket n'aura jamais si bien dit. Au camp d'entraînement, alors que Selke est occupé à des tâches administratives, un soigneur de l'équipe entre avec fracas dans son bureau :

« *Venez vite, M. Selke ! Richard est dans les pommes.*

– Lequel ?

– Les deux ! » de s'exclamer le soigneur.

À l'entraînement, le Rocket et son petit frère viennent d'être victimes d'un collision frontale.

Le Rocket est étendu sur la table du soigneur. Henri se penche au-dessus de lui en tenant un sac de glace sur son front tout juste rapiécé.

«*Maurice a dû recevoir 15 points de suture cette fois-là* », se rappellera Henri beaucoup plus tard.

Parvenant à se remettre les idées en place, Maurice s'assoit et regarde son frère d'un air sévère.

« *Henri, fais attention la prochaine fois. Tu pourrais te blesser* », lui conseille-t-il fraternellement.

Quelques semaines plus tard, le grand frère accompagne Henri, unilingue, à sa première négociation de contrat avec Frank Selke père, tout aussi unilingue.

« *Combien veut-il ?* » demande Selke.

« *Ce n'est pas une question d'argent, M. Selke,* traduit fidèlement l'aîné. *Il veut juste jouer pour le Canadien.* »

Les deux frères confèrent un bout de temps.

« *Que diriez-vous d'un boni de 2 000 dollars à la signature et du salaire d'une recrue, 100 dollars la partie* (7 000 dollars par année) ? » avance Maurice.

Prenant un contrat, Selke y inscrit les chiffres, et les deux parties apposent leur signature. Les frères Richard se dirigent vers la porte quand Selke les rappelle. Surpris, ils le voient déchirer le contrat.

« *Il a déchiré le contrat et a augmenté mon boni à 5 000 dollars. Il a dit à Maurice qu'il ne voulait pas que je pense qu'il avait profité de ma jeunesse. Il ignorait que j'étais prêt à payer pour jouer pour le Canadien* », se rappellera Henri longtemps après.

Version confirmée par Selke : « *J'étais certain que le jeune homme allait réussir et je ne voulais pas qu'il pense que j'avais profité de sa jeunesse et de son enthousiasme. Il a signé de bien meilleurs contrats depuis sans qu'il y ait de disputes.* »

Et d'ajouter en souriant : « *Des joueurs de la trempe de Maurice et d'Henri, j'en mettrais sous contrat tous les jours.* »

^
À sa retraite après une carrière de 20 ans, Henri Richard aura gagné 11 coupes Stanley, un record individuel qui pourrait ne jamais être battu.

Le Rocket et les autres...
Les six joueurs de Toronto sont les témoins impuissants d'un but à la Richard.

L'émeute Richard

Rétrospectivement, rien n'aura été plus prévisible que l'explosion de colère de Maurice Richard, lors d'un match à Boston en mars 1955. Rien, sauf, peut-être, le fait que le président de la Ligue nationale de hockey, Clarence Campbell, décidera, sur l'ordre des autres équipes de la ligue, de lui coller le maximum. Une simple bagarre aura des répercussions bien au-delà de la LNH, qui se feront encore sentir presque un demi-siècle plus tard.

Encore plus prévisible aura été la réaction des Canadiens français qui, dans une fureur collective, descendront dans la rue le jour de la Saint-Patrick et vandaliseront le centre-ville. Le feu est aux poudres depuis des années. Divers observateurs, tels le journaliste sportif américain Herbert Warren Wind, dans *Sports Illustrated*, un nouveau magazine, et l'écrivain canadien Hugh MacLennan, auteur de *Deux solitudes*, en ont fait état dans des articles publiés quelques mois auparavant.

De plus, trois mois avant les événements de ce printemps 1955, un incident à Toronto aurait dû mettre la puce à l'oreille. Red Storey est l'arbitre d'un match du temps des Fêtes entre le Canadien et les Leafs. Le score est égal 1-1 dans les dernières minutes de jeu quand le défenseur recrue Bob Bailey aplatit le Rocket contre la bande avec une mise en échec dure mais légale. De dire Storey: *« Le Rocket avait été malmené toute la soirée, comme d'habitude. Il faut s'y attendre quand on est aussi bon marqueur. Il prenait son mal en patience et tout à coup, sans avertissement, il explosait. »*

Quand un adversaire ne se pend pas à son chandail, le Rocket rend la vie misérable aux gardiens.

Se lançant à la poursuite de Bailey, Richard fonce sur lui, bâton élevé. Bailey perd deux dents dans la collision. Les deux joueurs tombent sur la glace où ils se collettent furieusement. Storey et le juge de lignes George Hayes, un gentil géant de 1 m 90 pour 105 kilos, tentent de séparer les combattants et de désarmer le Rocket qui continue quand même de brandir son bâton pour frapper Bailey.

« En visionnant le film de l'incident, nous avons découvert que l'entraîneur du Canadien, Dick Irvin, donnait un nouveau bâton à Richard chaque fois qu'on le désarmait et qu'on le renvoyait au banc. Cela est arrivé à cinq reprises. Le Rocket a aussi assené une gifle à George qui tentait de s'interposer et m'a passé son gant au visage à quelques reprises. Le Rocket avait ses sautes d'humeur, mais il n'était pas méchant et il n'avait pas causé de grands dommages, si bien que George et moi avons tenté de minimiser la portée de l'incident dans notre rapport. »

Conn Smythe, président du club torontois, envoie le film de l'incident au président de la ligue, Clarence Campbell. Comme le rapport des officiels ne mentionne rien de spécial, Campbell ne peut qu'imposer une amende de 250 dollars avec promesse d'une meilleure conduite. Plus tard dans la saison, Ted Lindsay de Detroit, impliqué dans une situation similaire, sera suspendu pour dix parties.

Le décor est planté pour un incident qui mettra aux abois le monde du hockey.

Avril 1955

Maurice Richard, Elmer Lach et Toe Blake rehaussent de leur présence une collecte de fonds spéciale des « anciens » au profit de Tommy Gorman.

« Le Rocket avait ses sautes d'humeur, mais il n'était pas méchant, si bien que George et moi avons tenté de minimiser la portée de l'incident dans notre rapport. »

– Red Storey

Le Rocket, un héros du Québec

par Hugh MacLennan

15 janvier 1955

Hugh MacLennan aura été le premier écrivain majeur de langue anglaise à aborder dans son œuvre le caractère national du Canada. Dans Deux solitudes (1945), il dépeint les tensions entre Québécois de langue française et de langue anglaise sur fond de Première Guerre mondiale. Ses ouvrages précurseurs seront souvent cités par d'autres auteurs durant la période de la Révolution tranquille.

Professeur à l'université McGill pendant plus de 30 ans, MacLennan remportera le Prix littéraire du gouverneur-général plus de fois que tout autre auteur canadien, à trois reprises pour la fiction et à deux reprises pour la non-fiction.

Il mourra à Montréal en 1990, à l'âge de 83 ans.

Je ne crois pas exagérer en disant que 1954 aura été une année de mutation à Montréal.

Pour l'heure, le Canada, pays bilingue qui n'a pas résolu le problème de l'équilibre des forces entre Montréal et Toronto, ne dispose pas d'un pôle d'attraction unique. L'enjeu de cette rivalité citadine est le privilège d'imprimer un style à notre pays en pleine croissance. Les Montréalais commencent à craindre que la géographie et l'économie ne jouent contre eux et que la mentalité torontoise ne soit mieux adaptée que la leur à l'ère moderne.

L'enthousiasme de Montréal à l'endroit d'un hockeyeur nommé Maurice Richard n'est probablement pas sans lien avec la prise de conscience que le prestige de la ville est mis à mal. Héros le plus célébré de l'histoire de Montréal, il tombe sous le sens que le génie du hockey de Richard n'explique qu'en partie son apothéose.

À plusieurs égards, Howie Morenz aura été un plus grand avant et, aujourd'hui, Béliveau et Geoffrion sont plus utiles à l'équipe. Pourtant, comme l'a écrit un journaliste, le Rocket est formidable, même immobile.

Le voir rater un but est plus intéressant que de voir un autre en inscrire un. Et quand il touche la cible, le Forum croule sous un tonnerre d'applaudissements, signe qu'il vient de se passer quelque chose de plus important qu'un changement de pointage.

L'homme même suscite l'admiration, et l'esprit de la cité s'identifie à lui. Richard est une personnalité à l'ancienne, résolument non conformiste, plus fougueux que rusé, dont la férocité même s'assortit d'un étrange raffinement. Il ne joue pas au type sociable ou au bon gars, il ne prétend pas être comme les autres, il n'affiche pas une fausse modestie, il n'appelle pas à une popularité bon marché : c'est un être de passion.

Cet individualisme à l'ancienne fait réagir Montréal. De retour de Chicago après son 400e but, Richard est assailli par des fans qui tendent la main pour lui toucher. En son honneur, ils brandissent une effigie en papier mâché de leur héros, qui ne ressemble en rien à ces représentations médiévales grotesques, aperçues dans les défilés du mardi gras, dans le Midi de la France. Anachronisme au milieu du 20e siècle ?

Il se trouve qu'aucun hockeyeur n'a plus que Richard souffert de tactiques déloyales. Peu de Canadiens de langue anglaise comprennent ce type de joueur. Il a ce don rare d'être à la fois un champion et un artiste obsédé. Fort de son tempérament latin, il aurait pu être un grand matador s'il était né en Espagne. Il en possède le courage, la grâce, l'intensité, la dignité sombre. En lui parlant, on a le sentiment qu'il a l'âge des montagnes mais que, en même temps, il a la vigueur d'un jeune garçon. Gentillesse et férocité cohabitent en lui. Il apparaît étrangement solitaire, même dans la foule. Son regard semble porter au loin, et le hockey est sa destinée.

S'il explose, c'est que, maintes et maintes fois, on l'a empêché de jouer au hockey à son mieux, les arbitres n'ayant pas appliqué les règlements. Être surveillé de près est le lot de tout grand joueur, mais, depuis dix ans, les entraîneurs des équipes rivales provoquent systématiquement le Rocket, sentant intuitivement que rien n'est plus facile que de profiter d'un génie. La rudesse inhérente au hockey ne dérange pas Richard, mais quand, cyniquement, soir après soir, des hommes de moindre talent le font trébucher, le cinglent, l'accrochent, l'aplatissent contre la bande et l'insultent, il se trouve au bord de la fureur. Curieusement, sa rage est impersonnelle – c'est une explosion contre la frustration elle-même.

Richard et le hockey n'ont rien de bon à tirer de cette émotion qui a grandi autour de lui, car sa portée dépasse de loin les patinoires.

Pour des millions de *Canadiens*, Richard est plus qu'un héros. Compte tenu de la persécution dont, pensent-ils, il est la victime, c'est sur lui que se focalisent, imperceptiblement, ces complexes de persécution latents, propres aux peuples minoritaires. Même l'amour et l'admiration que lui vouent, dans une mesure presque aussi grande, les Montréalais de langue anglaise ne peuvent altérer le phénomène d'identification profonde de ces *Canadiens* loyaux à cet homme singulier.

Pour eux, Richard est non seulement le symbole idéal de l'ardeur et du style de leur race; il est aussi un homme à qui il arrive de se retourner contre ses persécuteurs pour les anéantir.

Si fantastique que cela puisse paraître, Richard a pour l'heure, aux yeux de certains Québécois, le statut d'un dieu tribal. Je doute qu'il comprenne lui-même que la représentation que se fait de lui le public n'est qu'indirectement liée au hockey.

D'abord, le point de vue d'un joueur.

Jean Béliveau : « *Le dimanche 13 mars, nous jouions à Boston. Les Bruins menaient la partie 4 à 2. Nous étions alors en pleine course avec Detroit pour le trophée Prince-de-Galles, et une défaite face aux Bruins qui se trouvaient en quatrième place était extrêmement frustrante. Vers la fin du match, j'ai fait la mise en jeu, flanqué de Bert Olmstead et de Maurice Richard. Ce dernier s'est approché de Hal Laycoe à la ligne bleue, et Laycoe, en levant son bâton, l'a coupé à la tête. Je me trouvais alors à quelques pas de là. J'ai vu Maurice enlever son gant. Il a passé sa main sur sa blessure; elle s'est couverte de sang.*

« *Il a immédiatement sauté sur Laycoe, et nous avons tous enlevé nos gants pour lui venir en aide. J'ai plaqué Fleming Mackell contre la baie vitrée tout en essayant de suivre la mêlée du coin de l'œil.* »

Un autre coéquipier, Bernard Geoffrion, verra l'incident d'un angle quelque peu différent.

« *Tout avait commencé par la ruée habituelle du Rocket. La rondelle au bout de son bâton, il s'était élancé à droite de la patinoire et se préparait à exécuter son typique virage à gauche, vers le filet des Bruins. Un seul joueur adverse se trouvait sur son chemin, le défenseur Hal Laycoe, un homme grand, à lunettes, qui avait déjà joué avec nous à Montréal.* (Il avait été le partenaire de tennis du Rocket durant l'été.)

C'EST LUI ! C'EST LUI !

Maurice Richard attire la foule dans un magasin de jouets de Québec.

« *Au moment où le Rocket le contournait, Laycoe l'attrapa par la taille pour le retenir. Le Rocket, sans s'arrêter, traîna Laycoe jusque dans le coin. C'est là que Laycoe lui assena un coup de coude sur la nuque pour ensuite le projeter dans le filet métallique de l'extrémité de la patinoire.*

« Le Rocket était furieux. Se retournant, il envoya un grand coup de bâton, ratant Laycoe de justesse. Une seconde plus tard, Laycoe faisait de même mais atteignait Maurice, lui infligeant une blessure à la tête qui nécessiterait huit points de suture. Le Rocket riposta avec son bâton. C'est alors que, soudainement, les deux bancs se vidèrent et que les joueurs des deux équipes envahirent la patinoire. »

À plusieurs reprises, le juge de lignes Cliff Thompson tentera de contenir le Rocket, mais, chaque fois, ce dernier, seul ou avec l'aide d'un coéquipier, réussira à se dégager.

Une dernière fois, Thompson attrape Richard et l'immobilise sur la patinoire. Quand le Rocket parvient à se libérer, il se retourne et assène deux coups de poing au visage de Thompson.

Thompson, on néglige souvent de le mentionner, natif de Winchester au Massachusetts, alors juge de lignes recrue, est lui-même un ancien défenseur des Bruins. Il a porté les couleurs des Olympics de Boston de la Eastern Hockey League, club qui évoluera ensuite, pendant plus de dix ans, dans la Ligue de hockey senior du Québec. Thompson a joué une douzaine de parties avec les Bruins de la LNH avant et après la Deuxième Guerre mondiale.

Selon la pratique courante, les juges de lignes sont recrutés localement et sont d'anciens joueurs (ainsi, en ira-t-il d'Aurèle Joliat à Montréal). Une question se pose : Thompson est-il prédisposé à se porter à la défense d'un joueur des Bruins quand il est menacé par un visiteur ? Elle ne le sera jamais au cours de l'enquête officielle menée par le président de la ligue. Quoi qu'il en soit, Thompson n'officiera plus jamais dans la LNH après cette saison-là.

Richard se voit infliger une pénalité de match. Laycoe écope d'une pénalité de cinq minutes et, plus tard, d'une inconduite pour avoir tardé à se rendre au banc des pénalités.

1955 : QUELQUES FAITS...

15 janvier *Maurice Richard dispute son 700ᵉ match dans la LNH et marque deux buts; le Canadien perd 4-3 contre les Red Wings.* ***6 février*** *Richard marque quatre buts (le 24ᵉ tour du chapeau de sa carrière) en plus d'obtenir une passe, et le Canadien défait les Rangers 7-3 à New York.*

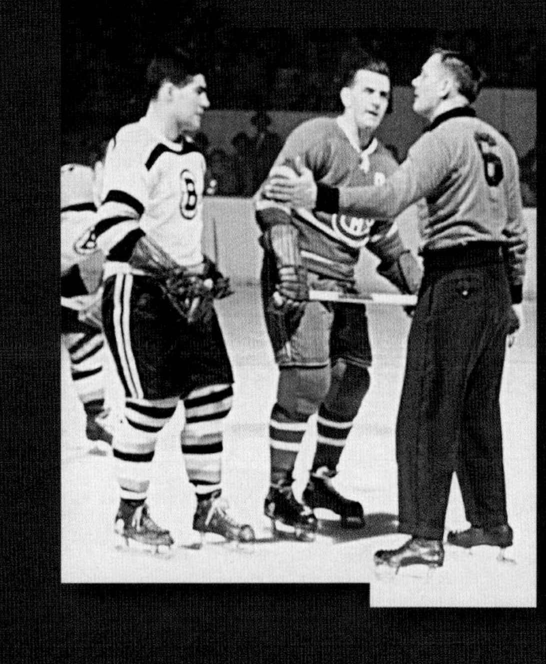

Maurice sera de plus en plus souvent impliqué dans des incidents avec des adversaires et des officiels comme Red Storey *(ci-contre)* ***et Frank Udvari*** *(en haut).*

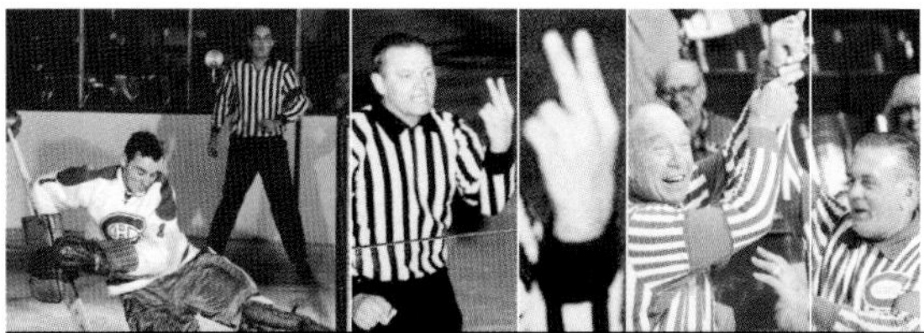

Dur, dur d'être officiel...

On l'aimait ou on ne l'aimait pas... Parlez-en aux fans, aux coéquipiers, aux adversaires, aux administrateurs de la Ligue nationale de hockey ou même (eh oui !) aux officiels.

Compétiteur le plus acharné de son époque, le Rocket, c'était écrit, aura des démêlés avec la plupart des officiels de la ligue.

Le 13 mars 1951, il encourt une amende de 500 dollars pour avoir attaqué l'arbitre Hugh McLean dans le hall d'un hôtel de Manhattan. La veille, Richard avait écopé une pénalité d'inconduite pour s'être bagarré au banc des pénalités du Forum avec Leo Reise, de Detroit, avant de frapper de son bâton le juge de lignes Ed Mepham. Quand, le lendemain, le Canadien arrive à l'hôtel, à New York, les mêmes officiels se trouvent dans le hall, et trois coéquipiers doivent intervenir pour empêcher le Rocket de faire un mauvais parti à l'arbitre.

En décembre 1954, il sera condamné à une amende de 250 dollars pour s'être bagarré avec Bob Bailey au Maple Leaf Gardens de Toronto et avoir frappé de son gant le juge de lignes George Hayes qui tente de séparer les belligérants.

Et, bien sûr, il y aura la tristement célèbre mêlée de Boston, impliquant le juge de lignes Cliff Thompson et l'arbitre **Frank Udvari**, incident qui déclenchera l'émeute Richard.

Bill Chadwick et Red Storey, deux des arbitres les plus compétents de la ligue à l'ère du Rocket, favorisent des approches divergentes. Chadwick adopte une politique de confrontation avec Richard tandis que Storey se montre plus indulgent envers le Rocket.

« *Personne ne m'a donné plus de mal que Richard et Ted Lindsay, de Detroit, mais je n'ai jamais pensé que j'étais leur cible unique,* dira Chadwick. *Leur personnalité et leur tempérament étaient en cause, ils étaient prêts à le faire à n'importe qui. En raison de leur comportement sur la patinoire, j'avais mis au point un rituel de début de saison.* »

« *Chaque année, aux trois ou quatre premiers matchs, j'infligeais à Richard et à Lindsay des pénalités d'inconduite. Je le faisais tout de suite, sinon ils auraient pensé que je n'étais pas le patron.*

« *Richard a peut-être été le plus farouche compétiteur que j'aie vu, tous sports confondus. Si vous n'étiez pas de son équipe, vous étiez son ennemi, et le principe valait aussi pour les arbitres qui appliquaient les pénalités.* »

Le Rocket aura sa revanche plusieurs années plus tard à New York, lors de la remise officielle du trophée Lester Patrick. Chadwick, à la table d'honneur aux côtés de l'étoile maintenant à la retraite et d'autres personnalités de la LNH, lui demande un autographe pour son fils. Le Rocket oppose un non catégorique.

Le Rocket ne détestera pas tous les officiels tout le temps. Ainsi, il se montrera très courtois envers Red Storey.

« *Le Rocket n'était pas drôle sur une patinoire,* dira Storey. *Il était né pour une chose : marquer des buts. Parce qu'il se trouvait souvent dans de sales draps, la plupart pensaient qu'il était difficile de contrôler le Rocket. Ce n'est pas mon avis, et je le connaissais très bien à cette époque. Il n'a jamais donné de mal à ses entraîneurs et à ses coéquipiers.* »

Marqueur génial au tempérament de feu, Richard sera surveillé de très près, le plus souvent hors des limites de la légalité, dans l'espoir qu'il encourra une pénalité pour représailles. Selon un cliché aussi vieux que le hockey, l'instigateur s'en sort, mais non celui qui riposte. La réaction de Richard à ces gestes à ses yeux illégaux débouchera souvent sur une suspension ou une amende.

« *De toute l'histoire du hockey, aucun joueur n'a été aussi souvent que lui accroché ou victime de bâtons élevés,* ajoutera Storey. *Il prenait son mal en patience avant d'exploser.* »

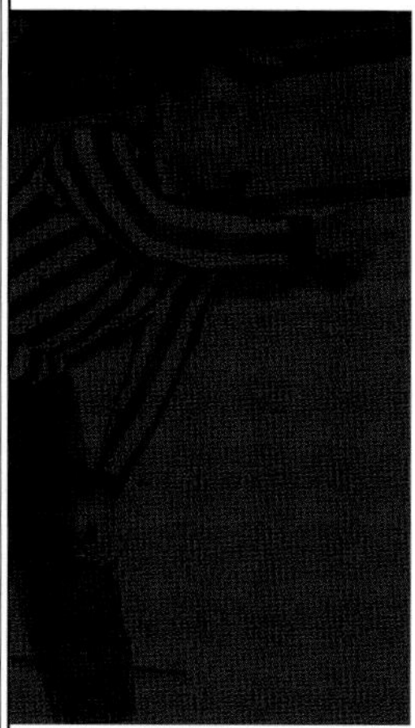

^
Sa carrière de joueur terminée, Maurice endossera le chandail zébré.

La ville de Boston, c'est écrit, est aux abois le lendemain. Même le président des Bruins, Walter Brown, d'un naturel affable, demande que Richard soit vertement réprimandé. Pat Egan, un chroniqueur de Boston, seul journaliste à s'interroger sur le rôle de Thompson dans l'incident, le qualifiant d'« homme de main », se montre plus compréhensif pour une superstar victime de coups salauds chaque fois qu'il met les pieds sur une patinoire de la LNH.

« *Richard n'a pas encore appris à accepter la défaite,* écrira-t-il. *Il est encore prêt à affronter le monde entier. Je suis d'avis qu'il devrait avoir le droit de participer aux éliminatoires, pour le bien du hockey et pour celui de tous les autres sports.* »

L'affaire repose entre les mains de Clarence Campbell, ancien arbitre, lieutenant-colonel de l'armée canadienne et représentant de l'accusation au procès de Nuremberg où sont jugés les criminels nazis. Au moment de l'incident Laycoe, il n'est pas favorablement disposé envers le Rocket.

Au début de 1954, une chronique de Maurice Richard intitulée *Le Tour du chapeau*, écrite par un vétéran journaliste sportif, paraît régulièrement dans un hebdomadaire de Montréal. Dans l'une d'elles, le Rocket attaque férocement les fans de Québec pour la piètre façon dont ils traitent son frère cadet avant de s'en prendre à Clarence Campbell après que Boum Boum Geoffrion eut été impliqué dans un duel à coups de bâton avec Ron Murphy des Rangers. Le Rocket accuse Campbell d'avoir mal géré l'affaire. Il affirme que la peine contre Geoffrion est trop sévère puisque Murphy lui-même a déclenché les hostilités, et il accuse Campbell d'entretenir des préjugés à l'égard du Canadien.

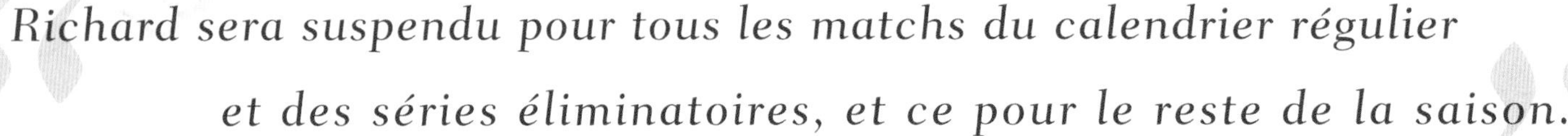

– Clarence Campbell

Il conclut : « *Voilà mon opinion franche et si elle doit m'apporter des sanctions, eh bien, tant pis ! Je sortirai du hockey et j'ai idée que plusieurs autres joueurs du Canadien qui partagent mon opinion en feront autant !* »

Campbell interpelle Frank Selke et son adjoint, Ken Reardon, et reçoit l'assurance que Selke réglera l'affaire.

Selke, plus près de Richard que quiconque dans le hockey, s'entretient avec son joueur étoile après un voyage à Chicago. Le Rocket, apprend-il rapidement, n'a pas écrit un traître mot de ces chroniques, mais il ne les renie pas pour autant car elles sont signées de son nom. Le Rocket reconnaît que, le plus souvent, les chroniques reflètent fidèlement ses opinions, mais qu'il n'est pas nécessairement d'accord avec toutes, notamment celle ayant trait au président de la ligue.

Selke convainc Richard d'abandonner sa chronique et rédige au nom du Rocket une longue lettre d'excuses que la ligue s'empresse de rendre publique, le tout assorti d'une caution de 1 000 dollars « pour garder la paix ». Du coup, les médias de langue française, révoltés, accusent la LNH et Campbell de museler leur héros.

Pour une majorité de Montréalais, Selke vient de commettre l'une de ses très rares erreurs à titre de directeur général du Canadien. Outre qu'elle offre de trop plates excuses, la lettre donne l'impression d'un subalterne « français » qui plie l'échine devant un patron « anglais », thème populaire dans le Montréal ouvrier de langue française. Des mois durant, les fans du Rocket bouillent de colère.

Après avoir convoqué les parties au quartier général de la LNH à Montréal, Campbell rend sa décision dans un document dont on pourrait croire qu'il est publié par le plus haut tribunal du pays. Une vingtaine de paragraphes décrivent les événements tels qu'ils lui ont été rapportés. Vient ensuite le paragraphe clé : « *Richard sera suspendu pour tous les matchs du calendrier régulier et des séries éliminatoires, et ce pour le reste de la saison.* »

PARTENAIRES EN PROMOTION

Boum Boum Geoffrion et le Rocket seront sollicités pour des campagnes de promotion telle celle-ci pour Cinérama.

Maurice Richard et Kenny Reardon arrivent à la réunion.

Des journalistes écoutent à la porte derrière laquelle se déroule la réunion.

Le feu est mis aux poudres; l'explosion est imminente.

Incendiaire, la situation rappelle le roman *Deux solitudes* de Hugh MacLennan. Le Montréal francophone est indigné et furieux alors que le Montréal anglophone opine que le président de la ligue n'avait d'autre choix que de passer les menottes au Rocket, qui fait figure d'électron libre depuis des années. Les médias des deux côtés reflètent fidèlement ces opinions.

La punition jugée trop sévère, titre *La Presse* qui ajoute: *Le maire Drapeau espère une révision du verdict. Le Rocket ne jouera plus de la saison; Richard banni par Campbell,* constate *Montréal-Matin*. Dans les médias de langue française, la couverture de l'événement fait la une.

Le reporter et chroniqueur Jacques Beauchamp, de *Montréal-Matin,* à qui il arrive de garder le but du Canadien à l'entraînement et qui aura été avec Vince Lunny, du *Montreal Star*, le seul journaliste montréalais présent à Boston en ce soir fatidique, titre sa nouvelle: *Victime d'une nouvelle injustice, la pire celle-là, Maurice Richard ne jouera plus cette saison.* Et de poser la question: *Campbell avait-il pris sa décision avant la réunion?* Le point de vue de Lunny est tout à l'opposé.

Le comble, c'est que, au moment de sa suspension, Maurice Richard mène la ligue avec 74 points, 38 buts et 36 passes. Ses coéquipiers Boum Boum Geoffrion (37-35 – 72) et Jean Béliveau (36-35 – 71) le suivent de près. Malgré ses nombreux exploits, Richard n'a jamais gagné le championnat des pointeurs et, comme titre *La Presse* une semaine avant l'incident de Boston: *Maurice Richard en bonne voie de réaliser une grande ambition.*

ENTRAIDE FRATERNELLE...

15 octobre 1955 *Montréal défait les Rangers 4-1 au Forum. Maurice Richard inscrit deux buts tandis que son cadet, Henri, une recrue, marque son premier dans la LNH.* ***29 décembre 1955*** *Henri marque un but et obtient trois passes tandis que le Rocket inscrit un but et deux passes dans une victoire du Canadien, 5-2, sur Toronto à Montréal. Le but de Maurice est le 500e de sa carrière, séries éliminatoires comprises.*

Les deux joueurs, qui vénèrent le Rocket, répugnent à le dépouiller de ce grand honneur, mais l'équipe est au plus fort de la course au championnat avec les Red Wings, l'enjeu étant l'avantage de la glace en séries éliminatoires.

« Tout cela me mettait, ainsi que mon équipe, dans une position difficile, écrira Geoffrion. *D'une part, nous devions remporter les deux matchs restants pour finir premiers, ce qui signifiait que je devais donner le meilleur de moi-même, essayer de marquer des buts et aider mes coéquipiers à en marquer aussi. D'autre part, nous voulions tous que le Rocket remporte le trophée Art Ross, d'autant plus qu'il avait été suspendu pour le reste de la saison. »*

Les événements de mars 1955 n'entacheront jamais l'amitié entre le Rocket et Boum Boum.

Plusieurs coéquipiers, y compris Béliveau et Harvey, convainquent Geoffrion d'y aller à fond de train. Geoffrion dépasse le Rocket grâce à un but et deux passes contre les Rangers et, le lendemain soir, les Red Wings s'assurent le championnat en démolissant le Canadien 6-0 à Detroit.

Laissons Béliveau terminer l'histoire : *« Lors de notre première partie de demi-finales contre Boston, Maurice fut présenté à la foule du Forum qui lui fit une longue et délirante ovation. Quelques minutes plus tard, on remit au Boomer le trophée Art Ross, décerné au meilleur compteur de la ligue. Quand il se rendit sur la patinoire pour recevoir son trophée, les partisans le huèrent et lancèrent des saletés sur la glace pendant plusieurs minutes. Boum Boum n'a pas oublié cette humiliation de sitôt. »*

EXTRAIT DE SPORTS ILLUSTRATED

DU FEU SUR LA GLACE

par Herbert Warren Wind

6 décembre 1954

Herbert Warren Wind aura été à la fois un grand reporter sportif et un intellectuel. Ce diplômé de Yale et de Cambridge se documentait abondamment et examinait la question sous tous les angles avant de rédiger un texte faisant l'envie de ses pairs.

Il appliquera sa propre méthode scientifique aux chroniques et reportages qu'il rédigera pendant 44 ans pour le New Yorker *et d'autres publications et à ses écrits sur le monde de la littérature sportive.*

Il se joindra au New Yorker *au début des années 50, entreprenant sa carrière de reporter de golf avec un texte sur l'immortel Robert Jones. Il quittera ce magazine en 1954 pour collaborer au lancement de* Sports Illustrated, *mais reviendra au* New Yorker *en 1960. Il écrira deux textes fondamentaux sur le Canadien de Montréal, celui-ci, en 1954, pour* Sports Illustrated *et un long article de 29 pages pour le* New Yorker, *en 1979.*

Durant sa carrière, la PGA d'Amérique et la United States Golf Association souligneront l'excellence de ses textes en lui conférant les plus grands honneurs.

Les Montréalais ont le hockey dans le sang. Quand un joueur du Canadien – et, parfois même, de l'équipe adverse – connaît un bon match, le Forum est secoué de fond en comble par un tonnerre d'applaudissements. Pourtant, l'émotion et les décibels montent de plusieurs crans quand l'incomparable étoile du Canadien, Maurice *Rocket* Richard, perce la défense ennemie et tire la rondelle dans le but. C'est alors, tout d'un coup, un tohu-bohu singulier, une explosion sonore sans pareille dans le monde du sport.

Athlète au solide gabarit, qui mesure cinq pieds dix pouces pour 180 livres – il a pris environ une livre par année depuis qu'il s'est joint au Canadien en 1942 – Joseph Henri Maurice Richard, 33 ans, élégance latine et intensité de tous les instants, est, aux yeux de la plupart des aficionados, Montréalais ou étrangers, le plus grand hockeyeur de l'histoire.

Pour les Montréalais, se remémorer les buts de Richard et en débattre constitue un passe-temps à longueur d'année. Selon Dick Irvin, son entraîneur – c'est aussi l'avis d'Hector *Toe* Blake et d'Elmer Lach, les compagnons de Richard sur la célèbre Punch Line –, le but le plus sensationnel du Rocket aura été le « but Seibert » durant la saison 1945-1946. Earl Seibert, un costaud défenseur de 225 livres qui joue alors pour Detroit, se précipite sur Richard qui arrive seul dans la zone de Detroit. Une violente collision frontale s'ensuit. Resté debout, Richard contrôle encore la rondelle, mais avec, assis sur ses épaules, ce gaillard de Seibert. En plus de le traîner jusqu'au but, un tour de force en soi, Richard, grâce à ces efforts surhumains dont il est coutumier, feinte le gardien et, de sa main libre, parvient à tirer la rondelle dans la lucarne.

Depuis dix ans maintenant, grâce à son courage, à son talent et à cette qualité magique incultivable, le magnétisme, Maurice Richard règne sur Montréal et la province de Québec, héros sportif sans pareil à notre époque, sauf peut-être en Espagne où il arrive que les rares maîtres matadors soient vénérés à la grandeur du pays. Que 75 pour cent des citoyens de Montréal et des habitués du Forum soient des Canadiens français au sang chaud, excitables – et, plus important encore, un peuple assoiffé de héros, qui ne se voit pas comme majoritaire dans sa province mais comme minoritaire au Canada – explique en long et en large leur idolâtrie à l'égard de Richard. « *Si Maurice était canadien-anglais ou canadien de descendance écossaise ou encore un gamin du West End, il serait vénéré, certes, mais pas autant,* déclarait le mois dernier un partisan canadien-anglais de Richard. *J'assiste à toutes les parties avec un ami canadien-français, Roger Ouellette. Je connais exac-*

tement sa pensée. Il n'a aucun mal à accepter les Anglais, mais il détesterait voir la population de langue française perdre sa langue et son héritage culturel. Il déplore que les chèques de pensions de vieillesse du gouvernement ne soient imprimés qu'en anglais. Il a le sentiment qu'ils devraient l'être en anglais et en français puisque, selon la Constitution du Dominion, le pays est bilingue. Pour Roger, Maurice Richard incarne toute la grandeur du Canada français. Il faut peut-être avoir du sang français dans les veines pour vénérer Richard, mais il suffit d'être un amoureux du hockey pour l'admirer. »

Comment le Rocket réagit-il à cette fantastique adulation ? Pour répondre à la question, il faut voir son comportement après avoir soulevé la foule avec un de ses buts typiques. Sur la patinoire, sous le tumulte de l'hommage, Richard, tandis que l'arbitre attend la fin de la clameur pour remettre la rondelle en jeu, décrit solennellement et lentement des cercles, apparemment embarrassé par la force de l'ovation, ses yeux noirs normalement expressifs regardant fixement la glace. Rien dans ses gestes ne trahit l'idole acceptant les acclamations de ses fans. Les cercles que décrit lentement Richard après un but sont sa façon à lui de prendre ses distances. Pendant un bref instant, l'un des rares qu'il puisse se permettre durant la saison de six mois, il peut se détendre. « *Maurice,* a déjà noté Toe Blake, *vit pour marquer des buts.* » Pourtant, Richard ne fait pas passer ses intérêts avant ceux de l'équipe ou du hockey, tout au contraire. Voici un homme terriblement intense qui, en grand champion, s'impose un niveau de performance quasi inatteignable. Son extrême fierté lui interdit de relaxer avant d'être allé au bout du défi, et il voit la vénération dont il est l'objet comme la profession de foi d'un public qu'il ne doit surtout pas décevoir.

Parce qu'il est un buteur redoutable, Richard aura été, 12 ans durant, plus malmené que tout autre joueur. Pour battre Montréal, il faut stopper le Rocket, et pour ce faire, un ou deux joueurs de l'équipe adverse se voit confier la tâche de le talonner. Certains le font selon les règles de l'art, mais, trop souvent, ces prétendus « spécialistes de la défensive » le retiennent, tirent sur son chandail ou l'accrochent, en attendant le moment où ils pourront l'aplatir contre la bande. Bien sûr, l'une des façons les plus efficaces de contrer Richard est de le tenir hors de la patinoire. Ainsi, des équipes rivales se font un devoir de lui opposer un ailier gauche avec mission expresse d'exacerber sa patience. Si Richard riposte et que lui aussi encourt une pénalité, Montréal perd le Rocket et l'équipe rivale un joueur de bien moindre valeur. Bien qu'insulté et maltraité par des adversaires moins talentueux, Richard a, en règle générale, fort bien réussi à maîtriser son tempérament, notamment ces dernières années. Cependant, s'il est toujours dans le groupe de tête pour les buts, il l'est aussi pour les pénalités qui, à propos, ne sont pas toujours, loin de là, le résultat d'un geste d'autoprotection. Il est probable que le Rocket détient le record de la ligue pour les inconduites, des « repos » de dix minutes accordés pour avoir dit trop crûment sa façon de penser à l'arbitre. Le Rocket est aussi parmi les leaders pour les pénalités de cinq minutes, décernées aux bagarreurs. Il lui est arrivé de perdre des combats, mais seulement quand on se mettait à plusieurs contre lui. En combat singulier, il tire fort bien son épingle du jeu. Un soir où Bill Juzda, des Leafs, lui a lancé un défi, Maurice a laissé tomber les gants et l'a mis K.O. d'un coup de poing. En 1945, il a étendu deux fois Bob *Killer* Dill, des Rangers, et quand ce dernier a décidé de remettre ça au banc des pénalités, Richard l'a envoyé au pays des rêves.

Drapeau contre Campbell

La guerre de mots entre d'éminents Montréalais francophones et leurs vis-à-vis anglophones, Campbell au premier chef, ne fera qu'envenimer la situation jusqu'aux événements de la Saint-Patrick. Le maire Jean Drapeau condamne la décision du président de la LNH et le prévient que sa présence au match sera considéré comme une «provocation».

À Ottawa, le député progressiste-conservateur de Trois-Rivières, Léon Balcer, tente à ce sujet de soulever une «question de privilège» durant la période des questions de la Chambre des communes, mais la majorité libérale s'y oppose à grands cris.

Plutôt que d'effrayer Campbell, la tension qui règne semble lui donner un coup de fouet. Ce n'est pas lui qui se prosternera devant la lie de la société.

«Le maire prétend-il que j'aurais dû céder à l'intimidation de quelques voyous?» demande-t-il.

Maurice assiste des tribunes à la première période du match contre Detroit.

« Quel commentaire étrange et désolant du premier magistrat de notre ville qui s'est engagé par serment à faire respecter la loi et qui est responsable de la protection des citoyens et de leurs biens par l'intermédiaire de la force policière.

« En tant que citoyen et président de la ligue, j'avais le droit et le devoir d'assister à la partie. Si le maire ou les autorités du Forum appréhendaient de ne pouvoir maîtriser la situation et m'avaient demandé de m'absenter, je me serais fait un plaisir de me rendre à leur demande. »

À l'approche du match, la vie suit son cours au Forum. Red Storey est l'arbitre de cet affrontement contre Detroit.

« J'ai compris la gravité de la situation à mon arrivée au Forum, une heure avant le match, se rappellera Storey. *Une foule entourait l'édifice en scandant des slogans et en criant. Je suis entré sans encombres, mais, une quinzaine de minutes avant le match, quelqu'un nous a dit qu'il avait dû se couvrir la tête de son manteau pour pénétrer dans le Forum. Les gens lançaient des bouteilles sur l'édifice, et le trottoir et la rue étaient jonchés d'éclats de verre. Cela dit, il a fallu que je saute sur la patinoire pour comprendre que nous nous trouvions dans une situation redoutable. C'était calme à faire peur. »*

Campbell fait son entrée au milieu de la période. Il essuie un tir nourri de tomates et autres projectiles. La tension monte d'un cran quand un jeune homme portant un blouson de cuir, André Robinson, 26 ans, s'approche de Campbell et lui assène quelques coups de poing.

Des fans manifestent dans la rue.

L'heure est venue d'évaluer les dommages à la clarté du jour.

Par un curieux hasard, l'auteur Hugh McLennan est assis à quelques rangées de Campbell. Il écrira plus tard dans le magazine *Saturday Night* que « *les sentiments de la foule, ce soir-là, réflétaient dans une bonne mesure la condition sociale du Québec des années 50. Je me rappelle avoir compris avec une certitude effrayante que, compte tenu de l'humeur de la foule, tout pouvait arriver* ».

À la fin de la période, les équipes et les officiels retraitent à leur vestiaire. Au même moment, une bombe lacrymogène explose dans une section près du siège de Campbell. L'édifice se remplit de vapeurs âcres, et tout le monde, policiers, pompiers et public, se rue vers la sortie. Une fois dans la rue, cette déferlante humaine se heurte à quelque 10 000 manifestants en colère, ce qui provoque un mouvement de foule vers l'est, rue Sainte-Catherine.

LES TROIS ÉTOILES...

Jean Béliveau, le Rocket et le brillant descripteur René Lecavalier seront chacun à sa façon des vedettes de La soirée du hockey. *Tous trois sont au Temple de la renommée du hockey.*

La police municipale est incapable de contenir les émeutiers qui détruisent des présentoirs, pillent des boutiques, allument des feux et renversent des voitures de police. L'ouest du centre-ville est dévasté, et la ville ne retrouvera son calme que le lendemain.

Au Forum, où rien ne va plus, Storey participe malgré lui à un incident très troublant.

« *On avait donné ordre d'évacuer l'édifice. Quand je l'ai appris, je suis sorti dans le corridor pour me mettre à la recherche de ma femme Helen. C'était l'émeute. Ne la trouvant pas, j'ai tenté de poser des questions à un type, mais il hurlait quelque chose en français et je ne le comprenais pas. Bill Roberts, un Canadien français malgré son nom, m'a poussé dans le vestiaire. J'étais affolé, et je lui ai dit qu'il fallait que je trouve ma femme. Il m'a dit : "Écoute, pauvre idiot ! Il te dit qu'il va te tirer dessus. C'est un policier en service et il a la gâchette facile."* »

« Je ne méritais pas une suspension aussi sévère. Je blâme le juge de lignes qui n'a pas cessé de me provoquer. »

– Maurice Richard

Le chef de police est mandé. On calme le policier belliqueux et on le met dans un taxi qui le ramène à la maison. Comme quoi Montréal aura vécu ce jour-là une nuit ardente.

Le lendemain, Maurice Richard s'adressera au public montréalais à la radio, en français et en anglais, ce qui mettra fin sur-le-champ aux troubles.

Comme les médias montréalais de langue française l'ont prévu, les Red Wings défont 3-1 le Canadien sans Richard, le 14 avril à Detroit, et remportent la finale de la coupe Stanley en sept matchs. Tous les partisans montréalais savent au fond de leur cœur que le Rocket, le meilleur marqueur de l'histoire des séries, aurait fait l'impossible pour renverser la vapeur.

Clarence Campbell ne pourra plus jamais s'asseoir en tout confort sur son siège du Forum, malgré toutes les coupes Stanley que remportera le Canadien au fil des ans.

^ *Dick Irvin paiera le prix de l'incident de Boston en perdant le poste qu'il détient depuis 15 ans.*

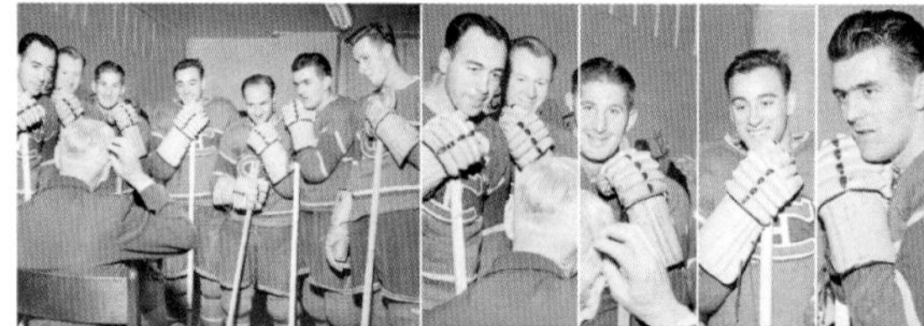

De l'huile sur le feu

Dur à cuire à l'époque où il évolue pour les Rosebuds de Portland de la Pacific Coast Hockey Association, propriété des frères Patrick, Dick Irvin se frottera souvent aux « gorilles » des équipes adverses. On comprendra alors que, devenu entraîneur, il se plaira à diriger des équipes dynamiques, agressives. Bien sûr, Maurice Richard, joueur intense qui abomine ses rivaux, sera un favori d'Irvin durant leurs 13 saisons ensemble au sein du Canadien.

Pourtant, plutôt que de lui tenir les rênes, il arrivera souvent à Irvin d'exciter le tempérament fougueux du Rocket, pour lui faire atteindre de plus grandes hauteurs.

« *Dick savait trouver les mots justes pour attiser la rage de Maurice. Il dépassait parfois les bornes, c'était comme jeter de l'huile sur le feu* », dira Toe Blake, ex-compagnon de trio de Richard et remplaçant d'Irvin à la barre du Canadien en 1955.

« *J'ai tenté de m'y prendre autrement. Je le calmais, je lui disais qu'il n'était pas forcé de riposter du tac au tac chaque fois qu'on le malmenait.* »

Le gardien Jacques Plante gardera d'Irvin le souvenir d'un « grand » entraîneur, mais certes pas d'un homme porté sur la louange. Ainsi, même après une victoire de 5-1, il retirera un jour Plante du match suivant, sous prétexte qu'il aurait facilement pu stopper le tir.

« *Il avait été formé à la dure, et cela se répercutait sur ses méthodes d'entraîneur,* dira Plante. *Il reste que je continue de croire qu'à l'occasion, une tape dans le dos aurait fait l'affaire de tout le monde. Une année* (1951), *nous avons gagné les deux premiers matchs de la demi-finale à Detroit grâce à des buts du Rocket en prolongation, avant de perdre les deux parties suivantes à domicile.* »

« *Dans le train qui nous ramenait à Detroit, Irvin a convoqué les joueurs à tour de rôle dans son compartiment pour leur dire sa façon de penser. Le Rocket était si furieux qu'il a dit : "Un peu plus et je frappais le vieux aux cheveux gris."* »

La tactique provocatrice d'Irvin portera fruit. Le Rocket marquera un but à chacun des deux matchs suivants, et le Canadien remportera la série.

L'année suivante, après le triomphe des Red Wings sur le Canadien en finale, Irvin refusera de serrer la main des champions, prenant tout de suite le chemin du vestiaire, Richard et Elmer Lach dans son sillage.

La saison tumultueuse du Rocket en 1954-1955 coûtera son poste à Irvin. À Toronto, à la fin de décembre, Richard est impliqué dans une bagarre avec une recrue des Leafs, Bob Bailey. Le combat terminé, Richard se rend au banc du Canadien. Irvin lui dit Dieu sait quoi, mais toujours est-il que le Rocket, en plus de reprendre le combat avec Bailey, atteint de son gant le visage du juge de lignes George Hayes.

Plus tard durant la saison, Richard sera suspendu pour s'être longuement battu avec Hal Laycoe, des Bruins, et avoir assené un coup de poing au juge de lignes Cliff Thompson, ce qui déclenchera l'émeute de la Saint-Patrick. Plus tard, certains joueurs du Canadien diront que des quatre bâtons utilisés par le Rocket durant la bagarre, un lui avait été refilé par Irvin.

Quand le Canadien, sans Richard, perd en sept parties la finale contre Detroit, le directeur général Frank Selke congédie Irvin, alléguant qu'il a perdu le contrôle de ses joueurs.

Si le Canadien, et Richard en particulier, considère les officiels comme des ennemis, la faute en est imputable à Irvin. Un soir où l'arbitre Red Storey, frappé solidement par un joueur près du banc du Canadien, gît sur la glace, Irvin, qui a le don de piquer au vif l'adversaire, se penche au-dessus la bande et lance à Storey : « *J'espère que ce n'est surtout pas bénin.* »

Plus de trois décennies plus tard, Maurice Richard restera amer en se rappelant la suspension qui l'aura privé du trophée Art Ross et, surtout, qui aura diminué les chances de l'équipe de gagner la coupe Stanley.

« Je ne méritais pas une suspension aussi sévère. Je blâme le juge de lignes qui n'a pas cessé de me provoquer. Les gens ignorent que la ligue l'a congédié après la saison. Mais le tort était fait, pour moi et pour le Canadien. »

Laissons le dernier mot au grand acteur et homme de théâtre québécois, le regretté Jean Duceppe, lui-même un symbole culturel fort, qui, plusieurs années après les faits, était interviewé par l'Office national du film.

« L'émeute, c'est parce que la suspension de Richard constituait une insulte à toute la nation canadienne-française. On a beau essayer de minimiser l'affaire, il reste qu'on avait touché toute la nation canadienne-française à travers Richard.

« L'émeute, c'était ça. »

Même si Clarence Campbell ne trouvera jamais grâce aux yeux du Rocket, celui-ci, au fil des ans, se montrera civil à l'égard du président de la LNH.

On a tué mon frère Richard

par André Laurendeau

21 mars 1955

Né à Montréal en 1912, André Laurendeau participera aux grands débats qui animent la société québécoise de son temps. Membre fondateur du Bloc populaire en 1942, il quittera la politique active pour le journalisme, devenant en 1957 rédacteur en chef du quotidien Le Devoir. *En 1962, le gouvernement Pearson le nomme coprésident de la Commission royale d'enquête sur le bilinguisme et le biculturalisme, qui a pour mandat d'examiner l'état des relations entre francophones et anglophones du Canada.*

Tout au long de sa carrière, Laurendeau mettra ses qualités de penseur et d'homme d'action au service de l'affirmation culturelle et politique des Québécois. Il s'éteindra à Montréal en 1968.

Le nationalisme canadien-français paraît s'être réfugié dans le hockey. La foule qui clamait sa colère jeudi soir dernier n'était pas animée seulement par le goût du sport ou le sentiment d'une injustice commise contre son idole. C'était un peuple frustré, qui protestait contre le sort. Le sort s'appelait, jeudi, M. Campbell; mais celui-ci incarnait tous les adversaires réels ou imaginaires que ce petit peuple rencontre.

De même que Maurice Richard est devenu un héros national, sans doute, tous les amateurs de hockey, quelle que soit leur nationalité, admirent le jeu de Richard, son courage et l'extraordinaire sûreté de ses réflexes. Parmi ceux qu'enrageait la décision de M. Campbell, il y avait certainement des anglophones. Mais pour ce petit peuple, au Canada français, Maurice Richard est une sorte de revanche (on les prend où l'on peut). Il est vraiment le premier dans son ordre, il allait le prouver encore une fois cette année. Un peu de l'adoration étonnée et farouche qui entourait Laurier se concentre sur lui : mais avec plus de familiarité, dans un sport plus simple et plus spectaculaire que la politique. C'est comme des petites gens qui n'en reviennent pas du fils qu'ils ont mis au monde et de la carrière qu'il poursuit et du bruit qu'il fait...

Or, voici surgir M. Campbell pour arrêter cet élan. On prive les Canadiens français de Maurice Richard. On brise l'élan de Maurice Richard qui allait établir plus clairement sa supériorité. Et cet « on » parle anglais, cet « on » décide en vitesse contre le héros, provoque, excite. Alors il va voir. On est soudain fatigué d'avoir toujours eu des maîtres, d'avoir longtemps plié l'échine. M. Campbell va voir. On n'a pas tous les jours le mauvais sort entre les mains; on ne peut pas tous les jours tordre le cou à la malchance...

Les sentiments qui animaient la foule, jeudi soir, étaient assurément confus. Mais est-ce beaucoup se tromper que d'y reconnaître de vieux sentiments toujours jeunes, toujours vibrants : ceux auxquels Mercier faisait jadis appel quand il parcourait la province en criant : *« On a tué mon frère Riel... »*

Sans doute il s'agit aujourd'hui de mise à mort symbolique. À peine le sang a-t-il coulé. Nul ne saurait fouetter indéfiniment la colère des gens, y sculpter une revanche politique. Et puis, il ne s'agit tout de même que de hockey. Tout paraît destiné à retomber dans l'oubli. Mais cette brève flambée trahit ce qui dort derrière l'apparente indifférence et la longue passivité des Canadiens français.

Les foules

Il y avait autre chose, sans doute: il y avait la foule. Quand elle se déchaîne, sous tous les cieux du monde, elle devient mauvaise et incohérente.

Une cinquantaine de marchands, rue Sainte-Catherine, ont dû remplacer leurs vitrines, volées en éclats, parce que M. Campbell a porté contre Maurice Richard un jugement sommaire. Entre ceci et cela, le lien logique est faible. Mais quand des hommes sont nombreux et animés par une passion commune, où est la logique?

J'ai vu de près une scène de ce genre il y a 13 ans. C'était le plébiscite. La Ligue pour la défense du Canada avait organisé au marché Jean-Talon un ralliement de la jeunesse. C'était une foule en ébullition. Bien entendu, tous les orateurs parlaient français, tous, sauf un dont j'ai oublié le nom: un jeune Irlandais de l'Ontario, magnifique orateur.

En ce temps-là, les anticonscriptionnistes de langue anglaise n'étaient pas nombreux. L'Irlandais reçut une ovation. Il parla anglais, avec une chaleur et une verve qui lui conquirent tout le monde. Il dénonça, comme les autres, ceux qu'on appelait « les deux cents de Toronto », accusés de mener le pays. Là-dessus quatre ou cinq voix, dans l'auditoire, accusèrent « les maudits juifs ».

L'orateur se recueillit un instant. Puis il fit front. *«Non, mes amis, mes frères,* leur dit-il, *il ne faut pas obéir à des préjugés. Qui sont les deux cents de Toronto? Des chrétiens. Vous ne résoudrez rien en criant maudit juif... »*

Il poursuivit ainsi quelques minutes, amical mais ferme. On se demandait comment la foule allait réagir. Or, dès qu'elle en eut la chance, elle se mit à applaudir: un applaudissement crépitant, assourdissant, toutes les mains qui battent et donnent une impression d'unanimité parfaite. La salle, et la foule répandue à l'extérieur, acclamait frénétiquement une dénonciation de l'antisémitisme.

Volte-face

L'assemblée terminée, la foule resta quelques moments près du marché Jean-Talon, comme en disponibilité. Ces gens-là n'avaient pas le goût d'aller se coucher. Ils se sentaient encore vibrants, ils ne voulaient pas se séparer.

Quelques meneurs, surgis d'on ne sait où, se présentèrent et encadrèrent la foule. Un ordre de marche, et l'épaisse colonne s'avança jusqu'à la rue Saint-Laurent, qu'elle se mit à descendre. Elle chantait: *«À bas la conscription»*, sur l'air du *God Save the King*. Puis des injures isolées surgirent, dont les juifs faisaient les frais. Elles s'emparèrent de la foule, qui bientôt les répéta. Plus on marchait et criait, plus on s'excitait. Et bientôt, savez-vous ce qui arriva? Cette foule, qui venait unanimement d'exécrer l'antisémitisme, se mit à jeter des pierres sur les vitrines des magasins juifs ou supposés tels.

Parmi ceux qui me lisent ce matin, il y a peut-être des hommes qui participèrent à ce vandalisme, et se demandent pourquoi ils l'ont fait.

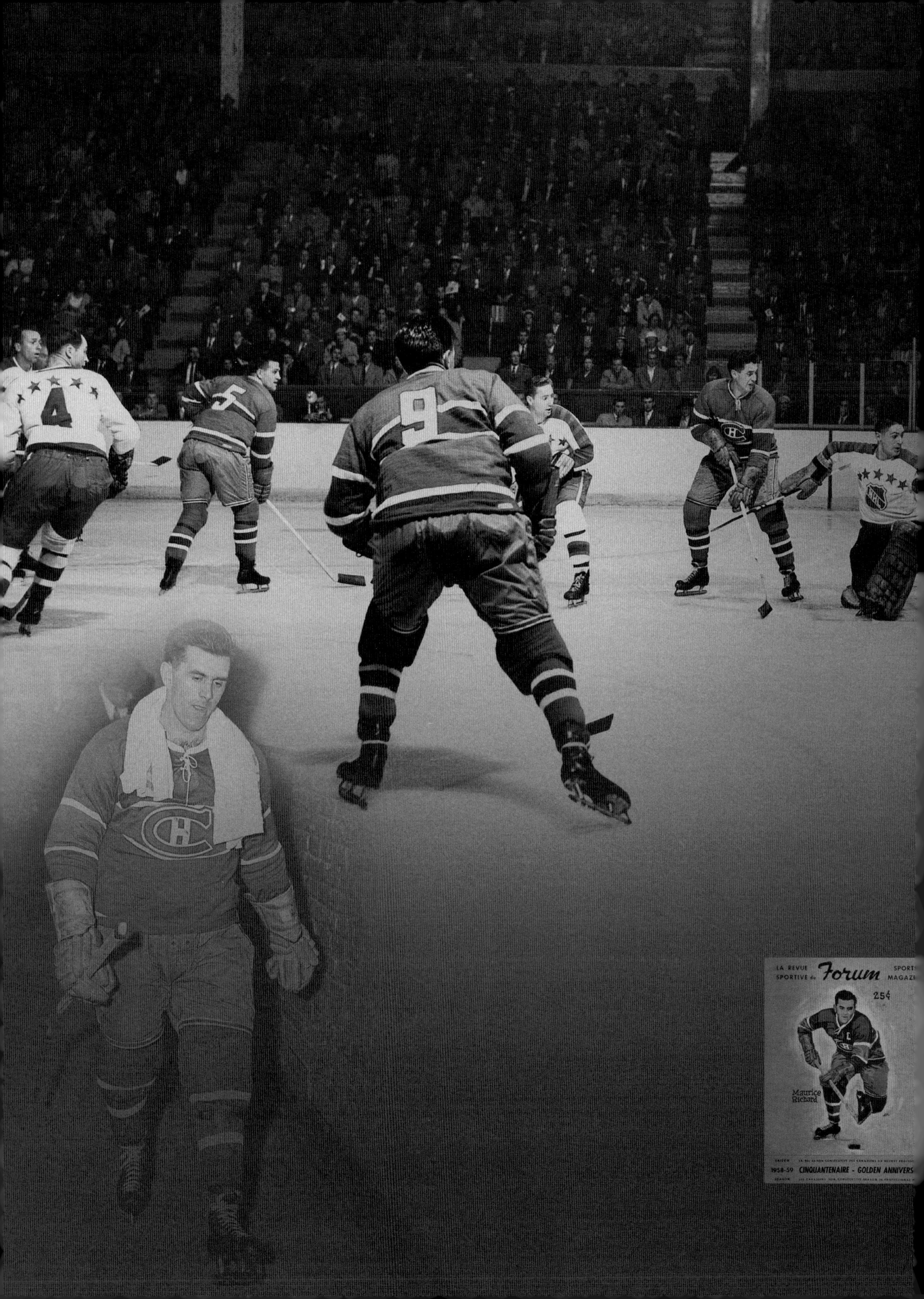

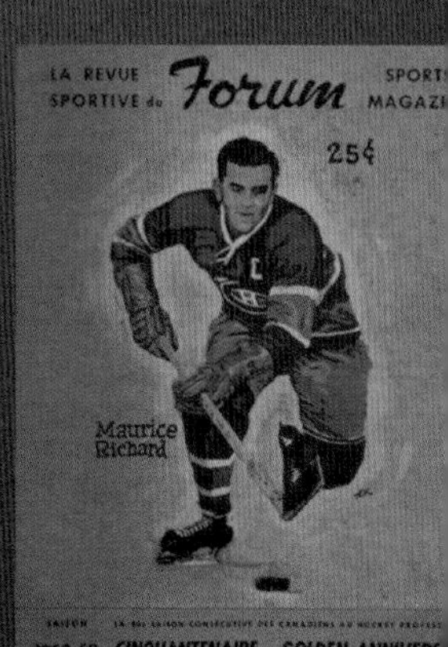

LA REVUE SPORTIVE du Forum SPORTS MAGAZI
25¢
Maurice Richard
SAISON
1958-59 CINQUANTENAIRE - GOLDEN ANNIVERS
SEASON

Le dernier droit

Maurice Richard entreprendra le dernier droit de son illustre carrière en étant nommé capitaine du Canadien de Montréal à l'âge de 35 ans. Aux six premières saisons du Rocket dans la LNH, Toe Blake porte le C – il partagera le capitanat avec le gardien Bill Durnan durant la saison 1947-1948, dernière fois où un gardien aura la chance d'être le capitaine de son équipe. Quand, en 1948, Blake quitte la LNH, le défenseur Émile *Butch* Bouchard prend la relève jusqu'à sa retraite après la coupe Stanley de 1956. Richard est son successeur tout désigné.

« *À compter de sa troisième saison avec le Canadien, Maurice a été l'inspiration de l'équipe, un leader. Son enthousiasme et son intensité déteignaient sur les autres joueurs sans qu'il ait besoin de crier fort* », dira Blake, longtemps après avoir pris sa retraite comme entraîneur en 1968.

« *Pour moi et pour Butch, le job de capitaine a longtemps consisté à garder Maurice sur les rails, ce qui n'a pas toujours été facile.* »

La campagne 1955-1956 sera la dernière où le Rocket disputera les 70 matchs du calendrier. Il marquera 38 buts, terminant troisième du championnat des pointeurs derrière Jean Béliveau, premier, et Gordie Howe. Cette même saison, les éliminatoires de la coupe Stanley, qui marqueront le premier d'une incroyable série de cinq triomphes consécutifs, permettront à un Richard du meilleur cru de s'illustrer. Il inscrira 14 points en dix parties, contre les Rangers de New York et Detroit, son éternel rival.

En 1956-1957, le Rocket subira la première de plusieurs blessures de plus en plus graves qui terniront les dernières années de sa carrière. Richard ratera sept matchs en début de saison après avoir subi une intervention chirurgicale à un coude. Il marquera néanmoins 33 buts en 63 parties, démontrant à plusieurs reprises que, malgré l'âge, il garde le feu sacré.

« À compter de sa troisième saison avec le Canadien, Maurice a été l'inspiration de l'équipe, un leader par son enthousiasme et son intensité. »

– *Toe Blake*

Jusqu'à l'heure de la retraite, Richard soutiendra que les officiels avaient deux poids, deux mesures. Selon lui, ils laissaient une marge de manœuvre à ses agresseurs tout en appliquant strictement les règlements quand il posait lui-même un geste prétendument déloyal. Il lui arrivera même de laisser entendre que les arbitres traitaient les Canadiens-français selon d'autres critères.

En janvier 1957, au Forum de Montréal où les Maple Leafs de Toronto sont les visiteurs, l'arbitre Frank Udvari, la bête noire du Canadien, inflige au Rocket une pénalité pour avoir porté son bâton trop élevé. L'estimant imméritée, Richard proteste faiblement pendant que les fans lancent des objets sur la patinoire. Quand, profitant de l'avantage numérique, les Leafs égalent la marque, la colère du Rocket monte d'un cran. À sa sortie du banc des pénalités, il apostrophe Udvari. De peur qu'il ne frappe l'officiel, ses coéquipiers retiennent leur capitaine tandis que les fans couvrent la glace de chapeaux, de caoutchoucs, de gobelets et de programmes souvenirs.

La foule se met à narguer le président de la LNH, Clarence Campbell, dans les tribunes. Pendant un court instant, on craint que ne se répète l'émeute de la Saint-Patrick 1955. À la fin de la partie, Udvari quittera la patinoire sous escorte policière.

Une leçon de hockey... Le Rocket fonce au but et déjoue Johnny Bower de Toronto.

28 février 1958 : le Canadien remporte le titre de la saison régulière à plusieurs matchs de la fin de la campagne.

En raison notamment de multiples blessures à ses joueurs, le Canadien terminera la saison au deuxième rang, six points derrière les Red Wings et deux devant les Bruins de Boston, une équipe améliorée. Au début des séries, cependant, le nouveau capitaine du Canadien fait en sorte de mettre l'équipe sur la bonne voie.

Richard marque dans quatre des cinq matchs de la demi-finale contre les Rangers, y compris en prolongation lors de la partie décisive. Au premier match de la finale contre les Bruins, Richard donne le ton en marquant quatre buts. Le Canadien enlèvera la coupe Stanley en cinq parties.

Ô surprise ! le Rocket se permet même de sourire en acceptant pour la première fois à titre de capitaine le trophée le plus convoité de la LNH des mains de son vieil ennemi, Clarence Campbell.

DEUX ÉTOILES SE CROISENT

Il y a de la turbulence dans l'air quand un Rocket rencontre un Cyclone (Fred Taylor) au Temple de la renommée du hockey.

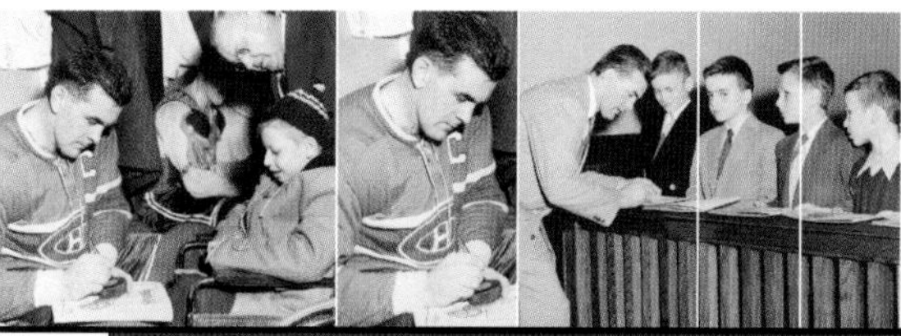

Dieu te bénisse, Johnny Quilty !

Durant sa saison junior chez les Maple Leafs de Verdun (1940-1941), Maurice s'entraîne à l'occasion au Forum. C'est là qu'un certain après-midi se produira un incident qui le marquera pour la vie.

La séance d'entraînement des Leafs terminée, c'est au tour des joueurs du Canadien de la LNH de se délier les muscles en vue de leur propre entraînement. À l'entrée des joueurs, le Rocket remarque la présence de **Johnny Quilty**, natif d'Ottawa, qui gagnera cette même année le trophée Calder à titre de recrue par excellence.

Maurice tend un papier et une plume à la jeune sensation qui, venu des St. Patricks d'Ottawa, est de sept mois à peine son aîné.

Il essuie une rebuffade. «*Je ne signe pas d'autographes*», tranche Quilty.

«*Je ne parlais que quelques mots d'anglais à l'époque, mais ce sont des paroles que je n'ai pas oubliées*», déclarera le Rocket un demi-siècle plus tard.

Durant et après sa carrière active, Maurice Richard se fera un strict devoir de contenter tous les chasseurs d'autographes, parfois par centaines. Il prend son temps et écrit lisiblement son nom.

«*S'ils me font l'honneur de me demander mon autographe, c'est qu'ils y tiennent,* dira-t-il. *C'est la moindre des choses qu'ils soient capables de bien lire mon nom.*»

Johnny Quilty jouera deux saisons à Montréal avant d'être mobilisé en 1942. De retour dans la LNH en 1946-1947, il disputera 29 parties en saison régulière et sept en séries avec Montréal et Boston, avant de poursuivre sa carrière dans les rangs seniors. Sa fiche dans la LNH : 125 matchs en saison régulière et 13 en séries – un total de 78 points, soit 39 buts et 39 passes.

Le chasseur d'autographes du Forum ce jour-là aura un peu mieux réussi sa carrière dans le hockey professionnel.

Maudites blessures...

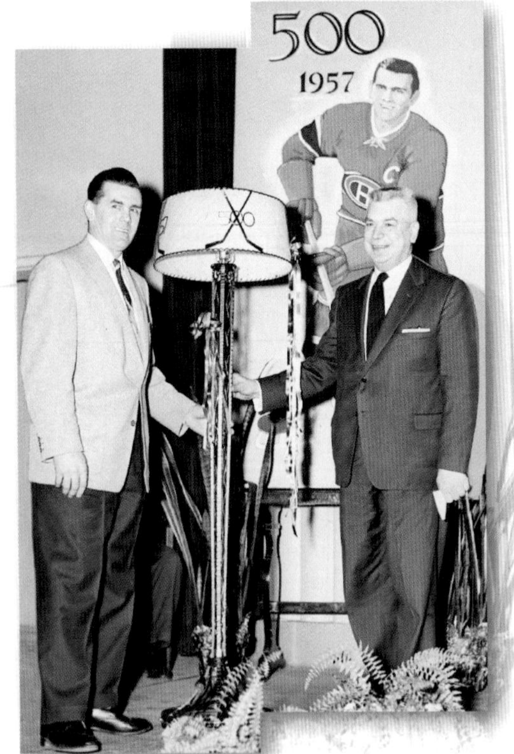

Maurice reçoit une lampe de l'Institut technique de Montréal, où il a étudié, pour souligner son 500e but dans la LNH.

Capitaine d'une équipe exceptionnelle, Richard entreprend la saison 1957-1958 du bon pied en marquant son 500e but au sixième match de la campagne. Il touchera ensuite le fond de sa carrière. Le 13 novembre, lors d'un match contre les Maple Leafs, le Rocket, atteint par un tir, s'écroule, et le patin d'un défenseur des Leafs, Marc Réaume, lui lacère le tendon d'Achille juste au-dessus du talon droit. On craint même que sa carrière ne soit terminée.

Pourtant, il recommence à patiner vers la fin de janvier et, le 20 février, le Forum est bondé pour le retour au jeu du Rocket après une absence remarquée de 42 parties. Jouant aux côtés de son frère Henri et de Dickie Moore, il marque deux buts superbes contre Boston.

Moore et le Pocket Rocket dominent le championnat des pointeurs tandis que le Canadien termine en première place, 19 points devant les Rangers, avant d'affronter Detroit en demi-finale, ce qui ajoutera un chapitre à la légende du Rocket.

Richard marque deux buts à chacun des deux premiers matchs, gagnés facilement par le Canadien, qui remportera aussi le troisième en prolongation. Au quatrième match, à l'Olympia de Detroit, les Red Wings mènent 3-1 après la deuxième période.

« Au vestiaire avant la troisième période, notre frustration était grande, tellement les Wings jouaient bien, dira le gardien Jacques Plante. *Sans le dire, tout le monde pensait que c'était leur jour et qu'il faudrait attendre le match suivant. »*

« Tout juste avant de sauter sur la glace, le Rocket a bondi sur ses pieds et a dit, presque en grognant : "Ils ont trois buts, pourquoi pas nous ?" Il était rare de le voir agir ainsi, et le feu dans son regard a frappé l'équipe comme la foudre. »

Auteur du premier but, le Rocket en marquera deux autres, tandis que Moore inscrira le quatrième, celui de la victoire, qui permettra au Canadien de balayer la série.

En finale contre les Bruins, chaque équipe gagne un match à Montréal tandis que le Rocket marque deux buts dans le troisième à Boston, où le Canadien l'emporte 3-0. Les Bruins créent à nouveau l'égalité, mais Richard marque le sixième but de sa carrière en prolongation dans le cinquième affrontement et en ajoute un autre dans le sixième qui, gagné 5-3, assure la coupe Stanley à Montréal.

À 37 ans, Richard est le meilleur marqueur des séries avec 11 buts en dix matchs. Ce sera le dernier grand coup d'éclat de sa carrière, lui qui sera ralenti par les blessures à ses deux dernières saisons.

21 avril 1958 : Maurice, son fils André dans les bras, est accueilli à la gare Windsor par sa femme Lucille. Les joueurs du Canadien ont le sourire aux lèvres et pour cause : quelques heures plus tôt, ils éliminaient les Bruins de Boston, s'assurant une troisième coupe Stanley d'affilée.

La campagne 1958-1959 sera décourageante pour le Rocket. Après avoir inscrit 17 buts et 38 points en 42 matchs, il s'écrase contre la bande à Chicago à la mi-janvier.

« *J'ai entendu un claquement. J'avais subi assez de fractures dans ma vie pour savoir que j'avais un problème* », dira Richard, victime d'une fracture à une cheville.

Le Rocket ratera le reste de la saison régulière ainsi que la demi-finale contre les Blackhawks, remportée en six matchs par le Canadien.

Richard revêt l'uniforme pour le premier match de la finale contre les Maple Leafs, mais il n'est que rarement envoyé dans la mêlée dans quatre des cinq matchs de la série, gagnée par le Canadien. Grâce à l'excellence de Moore, Marcel Bonin et Bernard Geoffrion, Richard soulève la coupe Stanley une quatrième année de suite, mais, pour la première fois en 15 années de séries éliminatoires, il ne marque aucun but.

Le Rocket n'inscrivant que trois buts aux 11 premiers matchs de la saison 1959-1960, certains croient qu'il a perdu la forme et qu'il ralentit. Il montre pourtant qu'il a toujours le feu sacré en projetant contre la bande John Bucyk, un ailier costaud des Bruins, qui sera hospitalisé, blessé à une épaule et à un genou.

Comme des frères

4 octobre 1958 *Maurice Richard marque deux buts, son frère Henri inscrit le but gagnant en plus d'obtenir deux passes et les champions de la coupe Stanley défont les Étoiles de la LNH 6-3. Dickie Moore obtient une passe sur chacun des trois buts des Richard, un record du match des Étoiles pendant 30 ans.*

J'ai entendu un claquement. J'avais subi assez de fractures dans ma vie pour savoir que j'avais un problème.

– Maurice Richard

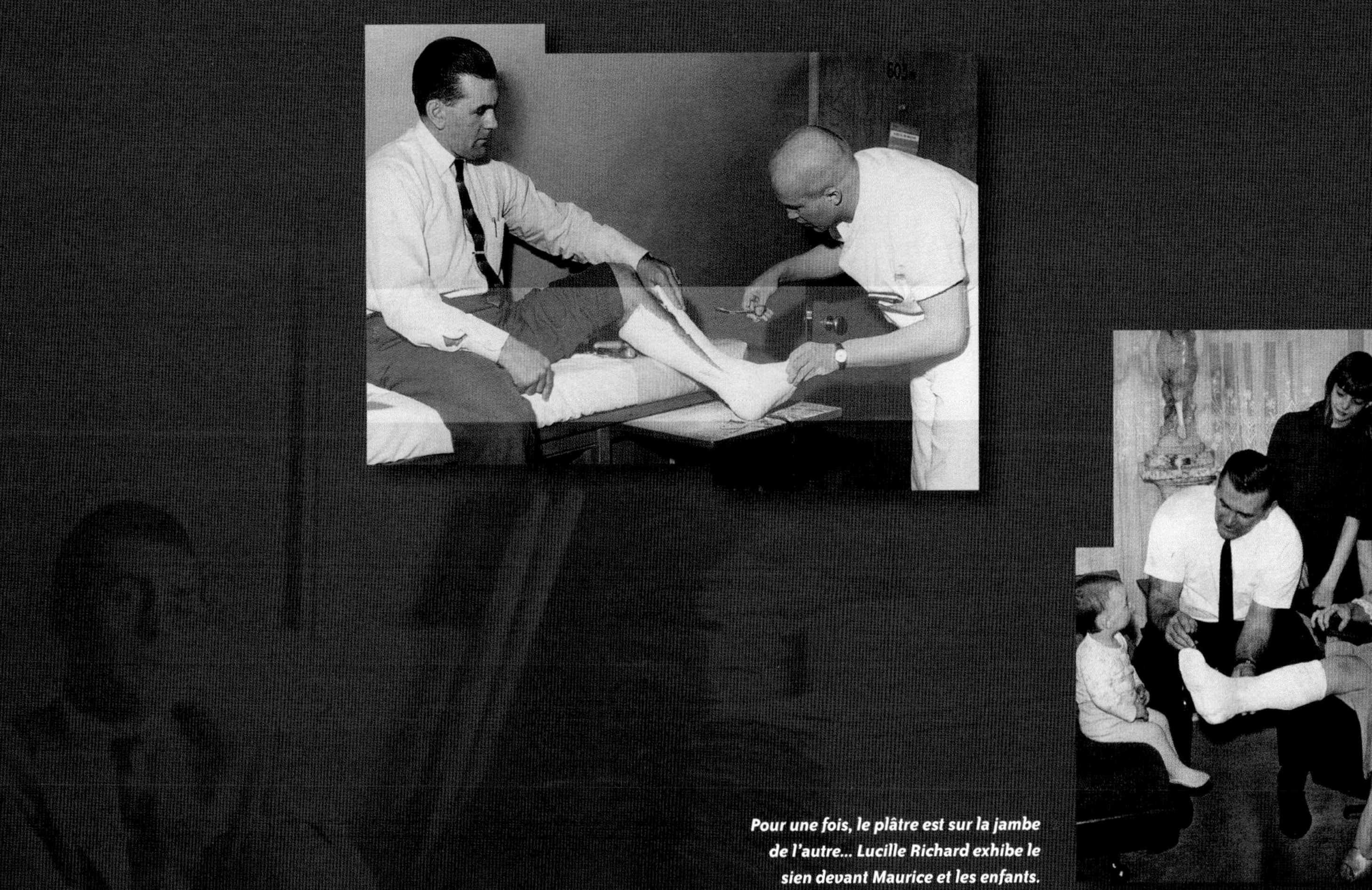

Pour une fois, le plâtre est sur la jambe de l'autre... Lucille Richard exhibe le sien devant Maurice et les enfants.

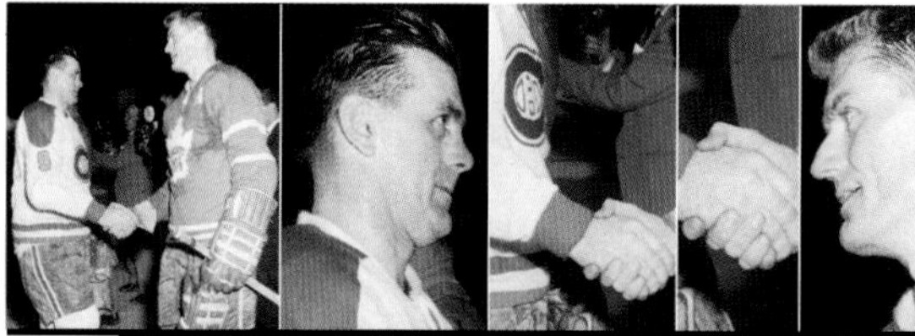

Le dernier match

La coupe Stanley repose sur une petite table au centre de la patinoire du Maple Leaf Gardens de Toronto. À ses côtés, le Rocket, microphone à la main gauche et, de la droite, serrant la main du président de la LNH, Clarence Campbell, sa bête noire. Les deux affichent un large sourire.

Le Canadien vient de défaire les Maple Leafs de Toronto 4-0 et de balayer en huit parties les séries de 1960, ce qui lui assure une cinquième coupe Stanley d'affilée. Ce sera le dernier match de Maurice Richard dans la Ligue nationale de hockey.

Le Rocket sera tenu en échec dans ce match, mais son frère Henri marquera un but tandis que deux autres légendes, Jean Béliveau (deux buts) et Doug Harvey, inscriront les autres pour les champions.

En ce soir du 14 avril 1960, la carrière remarquable de Richard vient de prendre fin, même s'il n'annoncera sa retraite que cinq mois et un jour plus tard. Tout au long des séries, les rumeurs vont bon train : blessé à un pied, Richard n'affiche pas son panache caractéristique.

Après des victoires de 4-2 et 2-1 à Montréal, la série se poursuit au Maple Leaf Gardens, édifice où le Rocket ne s'est jamais senti à l'aise. L'entraîneur du Canadien, Toe Blake, blâmera un jour une partisane assise près du banc des visiteurs pour la performance ordinaire du Rocket au MLG.

« C'était une femme d'un certain âge, qui débitait plus de grossièretés à la minute que tout ce que j'avais entendu jusque-là », dira Blake.

« Maurice était sa cible de choix, et elle avait le don de lui taper sur les nerfs. Il faut dire aussi que, contre lui, les Leafs faisaient de l'accrochage une tactique de jeu. »

La victoire facile, 5-2, du Canadien dans le troisième match témoigne des ressources profondes de l'équipe. Phil Goyette, centre du troisième trio, marque deux buts tandis que Don Marshall, spécialiste des désavantages numériques, en inscrit un. En deuxième période, Maurice, après avoir pris la passe de son frère Henri, tente de bifurquer vers le filet des Leafs. Ne voyant pas d'ouverture, il contourne le but avant de tirer du revers. La rondelle atteint la cible.

Ce sera le dernier but de sa carrière, le 626e au total et le 82e en séries éliminatoires.

Richard – certains spectateurs auront peut-être compris la portée de son geste – retire la rondelle du filet de Johnny Bower. *« J'ai toujours regretté de ne pas avoir gardé la rondelle de mon premier but en séries, mais j'aurai au moins celle de mon 82e. Si je continue de jouer et que j'en marque d'autres, je vais donner cette rondelle à un jeune »*, d'expliquer Richard.

Malgré sa blessure à un pied, l'ailier droit joue régulièrement dans la quatrième partie. Il a deux chances de marquer et oblige Bower à exécuter un arrêt spectaculaire sur un tir à bout portant.

Des années plus tard, Richard se rappellera son match d'adieu.

« J'aurais aimé marquer un but dans cette partie qui allait être ma dernière, mais j'ai réussi le plus important : soulever une autre fois la coupe Stanley. »

Les blessures graves viendront encore hanter le Rocket durant la saison 1959-1960. Atteint au visage par un tir vers la fin de novembre, il se fracture une pommette. Absent pendant 19 matchs, il reprend du service au début de janvier et termine la saison avec 35 points, dont 19 buts, en 51 parties.

Durant les séries, Richard est gêné par une blessure à un pied, mais le Canadien gagne une cinquième coupe Stanley d'affilée, un record, après avoir réglé le compte des Blackhawks et des Maple Leafs en huit petites parties en n'accordant que 11 buts.

Passant souvent son tour durant les séries, le Rocket marquera un seul but, au troisième match, le dernier de ce buteur exceptionnel. La quatrième partie, qui assurera la coupe au Canadien, sera le chant du cygne du Rocket après 18 années d'une carrière illustre, tumultueuse et triomphale.

LA COUPE AVANT TOUT

Tant durant sa carrière de 18 ans qu'aux jours de la retraite, le Rocket maintiendra que les coupes Stanley et leurs bannières sont plus importantes que les honneurs individuels.

Voici la liste des records détenus ou partagés par Maurice Richard, à l'annonce de sa retraite, le 15 septembre 1960.

En carrière

Buts en saison régulière	**544**
Buts en saison régulière et séries éliminatoires	**626**
Points en saison régulière	**965**
Points en saison régulière et séries éliminatoires	**1 091**
Buts en séries éliminatoires	**82**
Points en séries éliminatoires	**126**
Saisons consécutives de 20 buts ou plus	**14**
Saisons consécutives au sein d'une équipe d'étoiles	**14**
Parties de trois buts et plus, saisons régulières et séries éliminatoires	**33**
Plus longue série consécutive de buts	**14** (en 9 parties)

Autres

Buts gagnants	**101**
Buts sans passe	**71**
Matchs de 2 buts	**134**
Matchs de 4 buts	**6**
Matchs de 5 buts	**2**
Premier but d'un match	**120**

Saison régulière

Buts en une saison 1944-45	**50** (en 50 parties)
Points dans une partie	**8**

Séries éliminatoires

Buts en prolongation	**6**
Buts victorieux	**18**
Buts sans aide	**10**
Parties de 2 buts	**17**
Parties de 3 buts	**7**
Parties de 4 buts	**3**
Partie de 5 buts	**1**
Moyenne de but par partie	**0,616**
Points en une période	**4**
Passes en une période	**3**
Série consécutive de parties avec au moins un but (à deux reprises)	**8**
Buts dans les séries éliminatoires (un an) 1943-44	**12** (en 9 parties)
Buts dans une partie éliminatoire (contre Toronto, 22 mars 1944)	**5**
Passes dans une partie éliminatoire	**5**

La dernière mêlée

Partira, partira pas ?

À Montréal, à l'été 1960, dans la foulée de la cinquième coupe Stanley d'affilée du Canadien, la question alimente la conversation dans les chaumières.

« *Partout cet été-là, les gens me demandaient si Maurice allait partir,* dira Toe Blake, entraîneur du Canadien et ci-devant compagnon de trio du Rocket. *C'était comme en campagne électorale, quand on se demande si le premier ministre va être réélu.* »

Septembre venu, Richard, ayant pris de l'embonpoint et bronzé par un été de golf et de pêche, se présente au camp d'entraînement. Un matin, dans un match simulé, il marque quatre buts, mais voici que, subitement, la plus brillante carrière de l'histoire de la Ligue nationale de hockey arrive à son terme.

«*Ses tirs étaient encore aussi vifs qu'auparavant,* dira Jacques Plante qui, depuis dix ans, était bombardé par Richard durant les entraînements. *Les joueurs lui disaient que le "vieux Rocket" était encore meilleur que les jeunes. C'est pourquoi la surprise a été grande ce jour-là.* »

Après le match simulé, Richard annonce à Blake, dans le bureau de ce dernier, qu'il se retire du hockey. Cet été-là, Frank Selke, directeur général de l'équipe, a promis à Richard qu'à sa retraite, le club lui proposerait un poste de relationniste et que, les trois premières années, il recevrait son plein salaire de joueur. Richard passe du bureau de Blake à celui de Selke, et l'on convoque une conférence de presse.

« *L'annonce de la retraite du Rocket a donné lieu à un rassemblement d'une très grande émotion* », écrira Andy O'Brien, qui couvrait depuis près de 40 ans la scène sportive canadienne.

«*Nous savions tous à quel point Richard trouvait difficile de délaisser ce sport qui était sa passion. Sa voix n'avait jamais été aussi rauque et, ce jour-là, plusieurs journalistes réputés pour avoir la couenne dure avaient les yeux brouillés.* »

De dire Richard: «*Jamais je ne pourrai rendre au hockey ce qu'il m'a donné, à moi et à ma famille.* »

Des années plus tard, il émettra une autre opinion.

«*Je n'étais pas prêt à la retraite en 1960. J'aurais tellement aimé continuer. J'aurais dû faire plus d'efforts.* »

Richard reconnaîtra qu'il avait un problème de poids.

«*En 1960, je jouais à 210 livres, ce qui nuisait à mon jeu car j'avais 25 livres en trop. Mes réflexes n'étaient plus aussi vifs. J'étais plus lent et je ne pouvais pas esquiver les mises en échec comme auparavant. J'aurais dû, dans la trentaine, m'entraîner et suivre un régime alimentaire tout l'été pour être prêt.*

«*À mes trois dernières saisons, j'ai subi de vilaines blessures, et ma femme craignait une blessure grave. Moi aussi, j'y pensais, mais j'aurais dû prendre mieux soin de moi-même.* »

Jamais Richard n'avouera que Selke l'avait forcé à une retraite prématurée. Cependant, quand ses rapports avec le Canadien se détérioreront à la fin des années 60, il lui arrivera de laisser entendre qu'il aurait dû écouter son cœur et continuer de jouer.

Frank Selke aurait été le directeur général le plus heureux au monde si Maurice Richard avait été en mesure de poursuivre sa carrière.

«*Nous n'avons pas été capables de le remplacer, et peut-être est-il irremplaçable. Durant toute ma carrière dans le hockey, jamais je n'ai vu un joueur se donner aussi totalement.* »

^
15 septembre 1960... Une journée très triste pour les amateurs de hockey de Montréal.

FAMILLES, JE VOUS AIME !

Maurice Richard a la nature d'un lion, féroce sur la patinoire face à l'ennemi et à l'adversité, et, à la maison, protecteur d'une famille qui fait sa fierté. À la famille du Canadien et au clan Richard élargi, Maurice ne cessera de vouer loyauté et soutien.

Pour Frank Selke, Maurice Richard représente plus qu'un modèle sportif. Catholique fervent, le directeur général affiche une foi inébranlable dans les valeurs familiales. Les rapports qu'entretient le Rocket avec sa famille et la communauté l'impressionnent considérablement.

« *Il était inévitable,* dira-t-il, *qu'ayant fait la connaissance de son épouse Lucille, je respecte au plus haut point cette femme, compagne idéale pour le ténébreux et explosif Rocket. On dit qu'une bonne épouse est la possession la plus chère d'un homme. Chaque fois que je rencontre ce jeune couple canadien-français, je ne peux m'empêcher de déplorer que le Canada ne compte pas plus de personnes animées, comme Maurice et Lucille Richard, d'un sentiment aussi profondément religieux.* »

« Les parents de Maurice Richard, Onésime et Alice, m'ont vivement impressionné par la façon dont ils ont élevé leurs enfants. Maurice est respectueux, loyal, dur à la tâche et indépendant d'esprit, tout en étant un homme d'équipe dévoué. Je voulais plus de joueurs armés d'un tel tempérament, surtout ceux pour qui le Canadien de Montréal représentait quelque chose de spécial.

« La cellule familiale canadienne-française est particulière, et j'avais dans l'idée de recruter plusieurs garçons souscrivant aux mêmes valeurs que le Rocket. Le Canadien avait tout à gagner si l'on parvenait à rebâtir l'image des Flying Frenchmen, *car la ferveur et le tempérament des garçons québécois conviennent naturellement au hockey. »*

La popularité de Maurice Richard en fera durant toute sa carrière un membre à part entière de la famille québécoise élargie. Quand son frère Henri se joint à l'équipe, la famille Richard tout entière est adoptée par les fans du Canadien, où qu'ils se trouvent. Ainsi, Mme Alice Richard sera honorée au Garden par le maire de Boston le jour de la Saint-Valentin de 1956 à titre de Mère de l'année. Assistent à la cérémonie, point culminant d'un week-end à Boston, quelque 800 inconditionnels du Canadien, venus exprès de Montréal. Dans les tribunes, Alice Richard est entourée de sa cour. Les partisans de Boston auront vite fait de se laisser conquérir par cette femme très à l'aise, mère de cinq fils et trois filles, dont une superstar, Maurice, et une étoile montante, Henri.

6 OCTOBRE 1960

Jacques Plante inscrit le 48e jeu blanc de sa carrière et le Canadien défait Toronto 5-0 à Montréal. Dans une cérémonie avant le match, le chandail numéro 9 du Rocket est retiré.

« La cellule familiale canadienne-française est particulière, et j'avais dans l'idée de recruter plusieurs garçons souscrivant aux mêmes valeurs que le Rocket. »

– *Frank Selke*

Selon Alice, sa vie est plus facile depuis qu'Henri s'est joint au Canadien.

« Avant, avec Maurice dans la Ligue nationale, Henri chez les juniors A et Claude chez les juniors B, il aurait fallu me diviser en deux, sinon en trois, pour pouvoir assister à tous leurs matchs ! »

Henri et Maurice auront beau gagner côte à côte cinq coupes Stanley, M. et Mme Onésime Richard se rappelleront avant tout un certain match hors-concours au Forum, le samedi 19 septembre 1959.

Le Canadien, qui affronte ce soir-là sa filiale de la ligue senior, les Royaux de Montréal, envoie dans la mêlée un trio composé exclusivement de Richard. Maurice vient d'avoir 38 ans, Henri en a 23 et Claude n'en a pas encore 22.

Parents et partisans vivent une soirée de rêve à l'enseigne de l'émotion. Pourtant, le trio Richard n'évoluera jamais ensemble dans la LNH. Affecté aux Royaux de Montréal de la Eastern Professional Hockey League, Claude y sera encore quand Maurice prendra sa retraite, un an plus tard.

Alice Richard passera beaucoup de temps dans les arénas à regarder jouer ses fils Maurice, Henri et Claude.

« Il aurait fallu me diviser en deux, sinon en trois, pour pouvoir assister à tous leurs matchs ! »

– Alice Richard

Brouille avec le Forum

Frank Selke soutiendra jusqu'à sa mort qu'il a poussé du coude Maurice Richard vers la retraite en 1960 en raison des blessures graves subies par le Rocket les trois saisons précédentes et d'une perte notoire de vitesse, son grand atout. Selke – et il n'est pas le seul – ne souhaite pas que Richard, après avoir atteint au sublime, devienne un joueur sur le retour.

Voilà pourquoi le directeur général du Canadien offrira à Richard un poste de relationniste à son salaire de hockeyeur pendant trois ans. À l'époque, Richard sait que l'heure de la retraite a sonné, même si la décision est difficile.

« *L'idée d'aider l'équipe m'obsédait,* dira le Rocket. *Je voulais avoir mon mot à dire dans les opérations hockey, mais on ne m'a jamais rien offert.*

« *L'excitation du hockey et, je l'avoue, l'attention me manquaient. J'avais le sentiment de pouvoir faire plus que ma part hors de la patinoire, mais on ne m'en a pas donné l'occasion.* »

« *J'imagine que les gens voulaient encore me voir puisque, six ou sept jours par semaine, à longueur d'année, j'étais invité à des banquets, à des tournois de hockey et à des événements au profit d'œuvres de bienfaisance. J'ai visité toutes les régions du Canada et plusieurs villes américaines. Je n'avais pas de temps pour ma femme et mes enfants. Ce n'était pas une vie.* »

Après deux années de déplacements incessants, Richard demande à Selke de réduire considérablement sa tâche. Selke agrée en disant à Richard qu'il gagnera le même salaire. Effectivement, sa tâche est réduite, mais, une année plus tard, son salaire est amputé de moitié.

« *J'ai terminé l'année avant de quitter mon poste,* dira Richard. *J'étais un homme libre qui pouvait faire comme bon lui semblait. Ç'a été l'une des mes plus belles journées de ma vie hors du hockey.* »

Brièvement, le Rocket occupera un poste d'adjoint au président du Canadien, David Molson. Il est censé se familiariser avec toutes les facettes des opérations hockey en partageant son temps entre divers services. Malheureusement, le poste l'oblige à passer beaucoup de temps au bureau, ce qui déplaît à Richard, surtout quand le poisson est prêt à mordre dans le nord du Québec.

La femme du Rocket, Lucille, dira que Maurice avait l'impression qu'on ne lui confiait que des tâches de routine. « *Maurice savait qu'il était capable de faire plus pour l'organisation,* dira-t-elle à des amis. *Il était de plus en plus frustré et il s'est senti beaucoup plus heureux après son départ.* »

Pour le Rocket, être spectateur s'avère une corvée difficile, presque aussi éprouvante qu'un match de hockey. Deux fois, il tentera de s'en prendre de son siège à des joueurs adverses qui retraitaient au vestiaire entre les périodes, jugeant qu'ils s'étaient mal comportés envers le Canadien.

« *Je pensais encore comme un joueur. Pour moi, regarder un match était plus difficile que de le disputer,* dira-t-il. *Pendant un certain temps, je n'ai assisté qu'à quelques parties et souvent je partais avant la fin.* »

La brouille avec le Canadien durera 18 années. Richard n'est pas riche, mais il a assez d'argent pour assurer le confort de sa famille. Il fait l'acquisition d'une taverne miteuse dans le centre-ville de Montréal. Il la rénove, la rebaptise *Taverne Numéro 9* et y passe quelques heures par jour. Trois années plus tard, il la revendra au double de la mise initiale.

Le Rocket réinvestit les profits dans une petite entreprise de lignes de pêche qu'il dirigera de sa maison pendant 23 ans. Il achète en vrac divers types de lignes. Dans son sous-sol, il enroule les lignes sur une bobine à rayons qui arbore son autographe et qu'il commercialise sous l'appellation *Clipper.* Il parcourra tout le Québec pour proposer ses lignes aux boutiques de sport et aux pourvoiries.

Richard fait aussi la publicité de divers produits (voiture, thé, colorant capillaire) en plus d'être le porte-parole, pendant plus de 40 ans, d'une entreprise de mazout. « *Ma situation financière était bonne,* dira-t-il. *J'avais fait de bons investissements et je travaillais seulement pour le plaisir.* »

Richard jouera pour l'équipe des vétérans du Canadien jusqu'à 57 ans avant de devenir arbitre, seul officiel plus populaire que les joueurs. Les recettes de ces matchs seront versées à des œuvres de bienfaisance de tous les coins du pays.

« *L'été, je pouvais aller pêcher quand ça me tentait, c'est-à-dire très souvent* », dira-t-il.

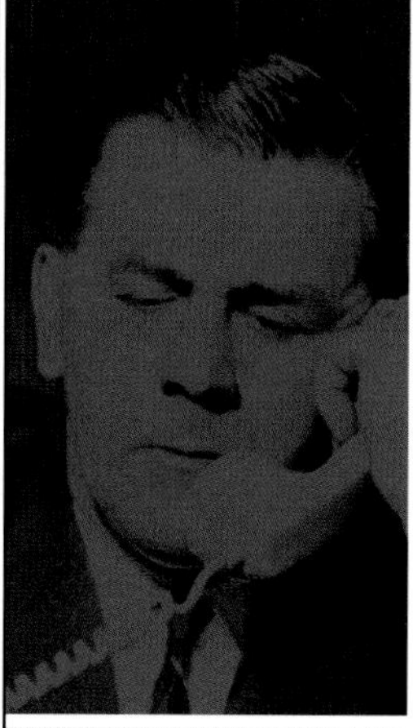

^
Maurice Richard mettra sur pied plusieurs affaires, notamment une entreprise de lignes de pêche.

^ *Maurice Richard sera accueilli en héros en Union soviétique et en Tchécoslovaquie – on le voit ici à Prague.*

La conquête de l'Europe

Découvrir qu'il avait des fans en Europe aura été pour Maurice Richard l'une des grandes surprises de sa vie.

« *Quand je me suis rendu compte que des gens en Tchécoslovaquie connaissaient mon nom, j'étais un peu sous le choc* », dira-t-il.

Richard fera deux voyages dans ce pays, se voyant conférer le statut de héros dans une contrée communiste qui, à l'époque, n'a pas la télévision. Pourtant, au moment où le hockey sort de sa coquille canadienne et, à un moindre degré, américaine, la LNH, même derrière le rideau de fer, est reconnue comme la meilleure ligue du monde.

En 1959, Richard assiste aux championnats du monde de hockey à Prague. Quand il entre dans l'aréna de cette glorieuse vieille ville pour le match inaugural, 20 000 partisans se lèvent et scandent très fort: « *Rocket... Rocket... Rocket...* »

« *J'étais très surpris parce que les journaux ne publiaient même pas le classement de la LNH,* dira Richard. *Un officiel m'a dit que les actualités dans les salles de cinéma présentaient souvent des nouvelles de sport. Quelques années plus tôt, quelqu'un m'avait envoyé un magazine de Moscou qui était diffusé à plus de deux millions d'exemplaires et qui avait publié un reportage sur Henri et moi.* »

À sa retraite en 1960, une de ses premières tâches à titre d'ambassadeur itinérant du Canadien sera d'assister, avec sa femme Lucille, à un festival sportif d'été à Prague. Massés dans un grand stade à ciel ouvert, les fans lui réserveront un accueil chaleureux.

En 1967, le Rocket fait un voyage en Europe qui attire une attention considérable, même sans publicité préalable. Depuis nombre d'années, pour la forme et le plaisir, des professionnels à la retraite et des amateurs seniors évoluent à Montréal dans la ligue Dépression. Cette année-là, une équipe de cette ligue, dont fait partie Richard, s'envole vers la France pour y affronter des clubs du cru.

Une agence de presse couvre le premier match et, le 27 mars, la *Gazette* titre: *Rocket gets two goals in 6-2 win* (Deux buts du Rocket dans une victoire de 6-2). Les gars de la ligue Dépression ont battu Chamonix, champion de France, au premier match de la tournée.

Encore une fois, Richard est reçu avec les plus grands égards. Des affiches avec sa photo annoncent le match à Grenoble, ville qui sera le théâtre des Jeux olympiques d'hiver de 1968. On se presse tellement aux portillons qu'un second match aura lieu le lendemain pour satisfaire à la demande.

Le Rocket marquera 18 buts en huit parties disputées en 11 jours, montrant que son instinct de buteur est resté intact. La tournée terminée, la Fédération française de hockey sur glace suspendra tous les joueurs et même les arbitres ayant affronté les touristes canadiens, alléguant qu'en jouant contre des pros, ils avaient violé une règle du hockey amateur.

Papa avant tout

Si Maurice Richard est le père adoptif ou le grand frère de plusieurs coéquipiers, il excelle avant tout dans le rôle de *pater familias* de son clan en pleine croissance. Il est la version hockey de Robert Young, vedette de la populaire série télévisée *Papa a raison*.

Quand Lucille Norchet se rend à l'hôpital pour un accouchement – elle aura sept enfants –, le Rocket établit ses quartiers dans la salle d'attente jusqu'à la délivrance. À la naissance du petit, celui qui terrorise les gardiens de toute l'Amérique du Nord éclate en larmes sans aucune honte.

Lucille et sa mère seront interviewées par June Callwood, du magazine *Maclean's*, au début des années 50. Thème de la rencontre : Maurice au foyer.

De dire sa femme : « *Il a une réputation de dur à cuire, mais il faut le voir à la maison. Il est tellement gentil et bon pour les enfants. Trop bon.* »

Et Mme Norchet mère d'intervenir : « *Tu te souviens des pantalons de ski d'Huguette ?* »

« *Elle voulait des pantalons extensibles, à 40 dollars,* poursuit Lucille. *Maurice s'est fâché. Il trouvait que c'était fou de dépenser tant d'argent pour des pantalons de ski. Le lendemain, il les a lui-même achetés.* »

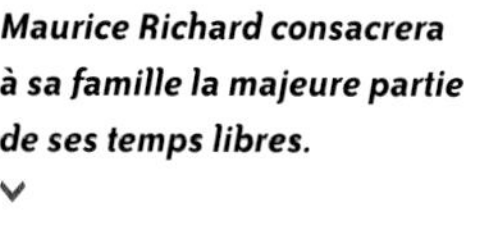

Maurice Richard consacrera à sa famille la majeure partie de ses temps libres.

FIER DE FISTON...

Onésime et Maurice soulignent un autre jalon de la carrière du Rocket. Onésime est aussi un bon athlète, qui se défend bien comme arrière au hockey. Son sport de prédilection est cependant le baseball qu'il pratiquera jusque dans la quarantaine.

Mme Norchet mère: «*Quand les enfants sont malades, il rend Lucille presque folle. Il lui demande sans cesse s'ils ont pris leur médicament, si c'est le bon, si le médecin est au courant. C'est pareil quand elle n'est pas bien. Il pique une crise quand elle oublie de prendre un remède.*»

Maurice Richard ne contestera pas les commentaires de sa femme et de sa belle-mère, mais il dira avoir beaucoup appris du meilleur père au monde, Onésime Richard, dont il a fait sienne la philosophie parentale, fondée sur la sévérité et l'équité.

«*Les enfants peuvent avoir tout ce qu'ils veulent,* dira Maurice, *mais s'ils ne sont pas à la maison, je veux savoir où ils sont et avec qui. C'est la seule règle. Maurice junior fréquentait une école où il flânait avec les autres garçons après la classe. Je l'ai changé d'école, et maintenant il revient à la maison. Huguette fait du ski le week-end, et son groupe est toujours accompagné d'un prêtre. Il n'y a rien à craindre quand les enfants sont à la maison ou en bonne compagnie.*»

Vers la fin des années 50, les Canadiens sont pour la plupart familiers avec le clan Richard: Huguette, Maurice fils, Normand, André, Suzanne, Paul et Jean. Le samedi soir, il arrive fréquemment que Lucille et l'un des trois aînés (Huguette, Rocket fils et Normand) assistent au match au Forum. «*Les gens le remarquent rarement,* dira Lucille en souriant, *mais Maurice nous fait signe avec son bâton au début de chaque période. C'est à la fois pour attirer la chance et pour montrer son affection.*»

> *Les enfants peuvent avoir tout ce qu'ils veulent, mais s'ils ne sont pas à la maison, je veux savoir où ils sont et avec qui. C'est la seule règle.*
>
> – Maurice Richard

^ *Stressé, le Rocket sera entraîneur des Nordiques de Québec le temps de deux matchs.*

Entraîneur de deux soirs

Quand, en juillet 1972, Maurice Richard devient premier entraîneur des Nordiques de Québec de la nouvelle Association mondiale de hockey, ceux qui le connaissent estiment qu'il commet une erreur.

Les faits leur donneront raison. La carrière d'entraîneur du Rocket se limitera à deux parties – et encore faudra-t-il se mettre à ses pieds pour qu'il accepte de diriger le club lors du deuxième match. Après que les Nordiques eurent perdu leur partie inaugurale, 2-0, contre les Crusaders de Cleveland, Richard donne sa démission. Mais les propriétaires et le bureau de direction du club parviennent à le convaincre de rester derrière le banc pour le premier match au Colisée.

En dépit d'une victoire de 6-0 sur les Oilers d'Edmonton, Richard annonce qu'il prendra une semaine de réflexion. Il ne reviendra jamais.

Les Nordiques ont mis sous contrat le Rocket et le défenseur du Canadien, **Jean-Claude Tremblay**, deux grands noms du hockey au Québec, pour rehausser l'éclat de l'équipe aux yeux des fans et des joueurs.

Pourtant, les amis de Richard estiment qu'il n'a pas le tempérament d'un entraîneur, à plus forte raison avec une nouvelle équipe qui va tirer le diable par la queue.

« Maurice ne pouvait supporter que ses coéquipiers ne montrent pas la même intensité au jeu que lui et ne soient pas prêts à se sacrifier pour gagner. Il a vite compris qu'il était l'entraîneur d'une équipe formée en grande partie de joueurs des ligues mineures », dira Jacques Plante, qui sera entraîneur et directeur général des Nordiques à leur deuxième saison (1973-1974).

« Il a toujours eu le sentiment que le Canadien aurait dû lui donner un poste plus important que celui d'ambassadeur itinérant. Il a sauté sur la chance qu'on lui donnait de prouver qu'ils avaient eu tort, mais il n'a pas mis de temps à comprendre que le poste ne lui donnerait aucune satisfaction.

« Maurice m'a dit quelques années plus tard qu'il avait compris à ses premiers camps d'entraînement qu'il n'avait pas la patience et le tact d'un entraîneur. C'est pourquoi il s'est éclipsé au plus vite. »

^
Maurice Richard se plaira à être entraîneur de baseball et à assister à des événements sportifs pour les jeunes.

Après sa retraite en 1960, Richard continuera de beaucoup voyager, mais téléphonera chaque soir à la maison pour s'enquérir des enfants. Ceux-ci se relaient au téléphone pour subir l'interrogatoire du père inquiet. Si l'un d'eux est absent, il doit s'en expliquer à papa la fois suivante.

Maurice prend aussi à cœur les intérêts sportifs de ses fils qu'il accompagne sur les terrains de baseball et dans les arénas du Québec. Il lui arrive souvent de jouer les pères-entraîneurs pour un groupe de garçons. Parfois, le nom Richard, d'ordinaire adulé, est conspué, ce qui déclenche chez le Rocket une riposte d'une rare violence.

Ainsi, cet incident au Colisée de Québec où Rocket fils évolue pour une équipe de Montréal lors du célèbre tournoi pee-wee. Pour une raison ou pour une autre, le fils est copieusement hué. Le lendemain, le père furieux prend à partie dans les journaux la capitale provinciale. C'est une tempête dans un verre d'eau, mais, des années durant, le Rocket dénigrera pour un tout ou un rien la ville de Québec.

Au Québec, les Richard sont une famille royale, même si, dit-on, il existe des Québécois antimonarchistes. À l'occasion, les Richard seront invités à rencontrer d'augustes personnages.

À son mariage, en 1942, ce couple très jeune, à peine capable d'enchaîner deux mots en anglais, était loin de croire qu'une dizaine d'années plus tard, il serait invité à dîner à Ottawa par la reine Élisabeth.

Andy O'Brien relatera cette soirée sympathique à table.

« *Maintenant débarrassé de sa timidité mais fier d'être reconnu dans tout le pays comme le plus grand joueur du sport qu'il adorait, Maurice Richard confessera plus tard s'être adressé au prince Philippe par son prénom, dans l'excitation du moment.*

« *"Il n'en a pas fait une histoire,* dira Richard. *En fait, il m'a appelé Maurice, à moins que ce ne soit Rocket".*

–Et la reine et Mme Richard?

–"Oh! elles ont parlé des enfants." »

L'ART D'ÊTRE GRAND-PÈRE

Fier papa, Maurice veillera en grand-papa gâteau sur une troisième génération de Richard. Ici, ses petits-enfants lisent un livre mettant en valeur la légendaire ténacité du Rocket.

Maurice Richard confessera plus tard s'être adressé au prince Philippe par son prénom, dans l'excitation du moment.

– Andy O'Brien

DALLAS
20:00
CANADIENS
PLAYER'S
RIGHT GUARD

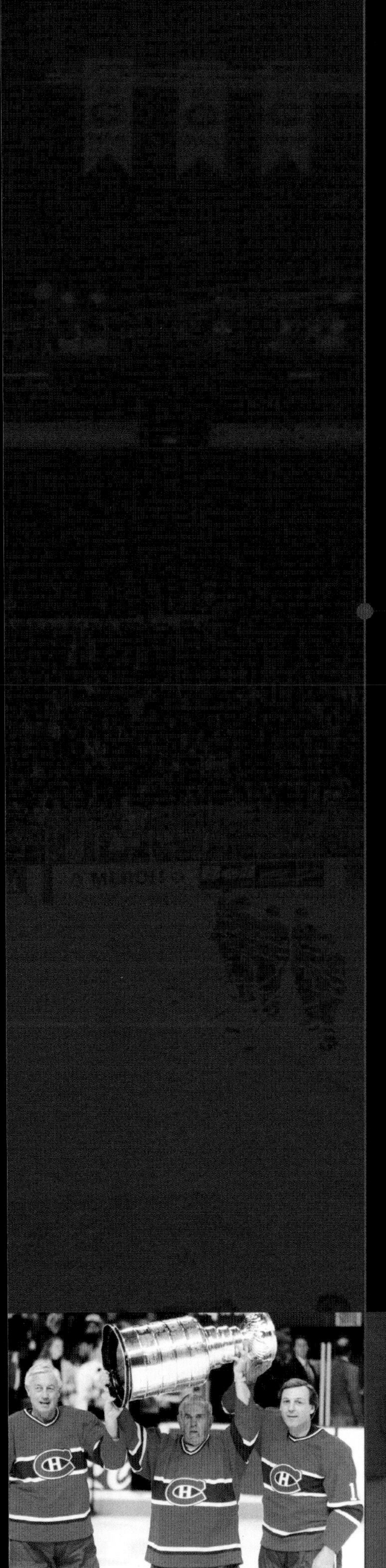

ADIEU, FORUM !

Le Forum, scène et symbole par excellence de Montréal, n'aura jamais été le théâtre d'une cérémonie si impressionnante que le jour de ses propres funérailles. En ce lundi soir 11 mars 1996, le Canadien de Montréal vient tout juste de défaire, 4-1, les Stars de Dallas, exactement 71 ans, trois mois et 29 jours après que le Tricolore eut inauguré le Forum en triomphant de Toronto 7-1. 9

Le 29 novembre 1924, à 56 secondes de la première période, Billy Boucher marquait le premier but dans ce bâtiment qui deviendra le plus célèbre temple mondial du hockey. Billy appartient au clan Boucher d'Ottawa, dont quatre membres évolueront dans la LNH (George, Frank, Bob et lui-même).

Sept décennies plus tard, un sans-grade russe de la LNH, Andreï Kovalenko, du Canadien, marquera le dernier but de l'histoire du Forum. Entre les deux, des souvenirs à l'infini, dont la plupart seront ravivés ce soir-là.

Peu après le match, Bob Gainey, directeur général de Dallas, et le centre Guy Carbonneau quittent pour un instant les couleurs du Texas pour revêtir encore une fois la Sainte Flanelle. Sur la patinoire, ils se joignent aux protagonistes de la cérémonie.

La cérémonie, scénarisée par Réjean Tremblay, chroniqueur à *La Presse*, fera monter les larmes aux yeux de la plupart des spectateurs par sa simplicité émouvante. L'adieu cadre parfaitement avec cet édifice qui, pour tellement de personnes et depuis si longtemps, revêt une signification profonde.

Au cœur même de la cérémonie, l'homme à l'origine de la plupart des souvenirs qui seront évoqués ce soir-là, Maurice Richard.

Retour dans le giron du Forum

La brouille entre Rocket Richard et le Canadien de Montréal durera 18 ans, tout comme, ironie du sort, sa carrière de joueur actif. Ses rares présences au Forum n'auront le plus souvent aucun caractère officiel.

Sa notoriété et sa popularité ne se démentent pas pour autant. Joueur et arbitre avec l'équipe des vétérans, il tourne aussi des messages publicitaires pour le colorant capillaire *Grecian Formula*, dont celui où il avoue : *« J'ai même laissé un peu de gris... »*

Le Canadien, quant à lui, enchaîne les périodes de grandeur : quatre coupes Stanley en cinq ans à la fin des années 60 et six autres, dont quatre d'affilée, dans les années 70. Plusieurs anciennes étoiles du Tricolore participent aux réjouissances mais, trop souvent, une figure importante manque à l'appel, le Rocket.

Étrange coïncidence, Gordie Howe, dont la carrière aura fait une sorte de « frère siamois » de Richard, éprouvera des problèmes similaires avec son club, les Red Wings de Detroit, à sa retraite en 1971. Après l'avoir nommé vice-président, les Wings lui promettent qu'il aura son mot à dire dans les opérations hockey alors qu'en réalité son travail se limite à représenter le club à diverses fonctions. Howe ronge son frein deux ans durant avant de revenir dans la mêlée en 1973, aux côtés de ses fils Mark et Marty, avec les Aeros de Houston de l'Association mondiale de hockey.

À la faveur de changements au sein du bureau de direction du Canadien, la mésentente qui dure depuis près de 20 ans entre l'organisation et son plus célèbre employé commence lentement à se résorber.

En 1981, Richard signe un contrat de promotion à long terme avec la Brasserie Molson, propriétaire du Canadien. Des photos le montrent serrant la main d'Irving Grundman, qui sera directeur général de l'équipe de 1978 à 1983.

Nommé président du Canadien en 1983, Ronald Corey promet d'améliorer les rapports entre le club et les joueurs ayant façonné sa brillante histoire. Sous Corey, le Canadien est dans la LNH le chef de file d'un mouvement en faveur de la réhabilitation des anciens. Le Rocket et plusieurs autres membres du Temple de la renommée retrouvent leur place au Forum.

Non loin du vestiaire du Canadien, un salon des anciens ouvre ses portes, et plusieurs joueurs assistent aux matchs.

« Il m'a fait plaisir de revoir les gars qui avaient été mes coéquipiers à une époque où l'équipe comptait tellement de bons joueurs, dira Richard lors d'une apparition au Temple de la renommée de Toronto, en 1994. *J'ai bien aimé représenter Molson et le Canadien, surtout quand ma femme pouvait m'accompagner. »*

Après mûre réflexion, le Rocket commentera sa brouille avec l'organisation. *« Pour moi, apprendre à ne pas être un joueur de hockey a été plus difficile qu'apprendre à en être un,* dira-t-il. *Le hockey me manquait terriblement, et je suppose que j'avais besoin de prendre du recul pendant un certain temps. J'ai bien apprécié la liberté de vivre ma vie à mon goût loin de la LNH mais non loin du hockey puisqu'il y avait les vétérans. Cela dit, il a été agréable de revenir au Forum. »*

RICHARD
9
RICHARD
9

Le match terminé, les trois étoiles de la rencontre annoncées, des employés du Forum déroulent quatre tapis rouges qui forment un carré géant entre les lignes bleues. L'éclairage est tamisé, et commence le défilé des capitaines qui, à tour de rôle, prennent place dans le carré.

Émile *Butch* Bouchard, successeur des regrettés Toe Blake et Bill Durnan, est le premier, suivi de Maurice Richard. Viennent ensuite Jean Béliveau, Henri Richard, Yvan Cournoyer, Serge Savard, Gainey, Carbonneau et le capitaine en titre, Pierre Turgeon. Au banc du Canadien, fascinés, trois futurs capitaines, Mike Keane, Vincent Damphousse et Saku Koivu.

À L'EFFIGIE D'UNE STAR

Maurice Richard et cinq autres grands noms du hockey sont honorés par Postes Canada qui émet des timbres à leur effigie à l'occasion du 50e anniversiare du match des Étoiles.

Au son d'une musique funèbre, le flambeau est allumé et remis à Butch Bouchard. Après avoir salué le public, il le passe à son successeur, le Rocket. Quand celui-ci brandit le flambeau, la foule lui fait une ovation monstre, comme même les observateurs les plus aguerris n'en ont jamais vu. Les yeux du Rocket se mouillent. Quatre, six, huit minutes... Une extraordinaire explosion sonore se répercute par vagues sur la patinoire pendant dix minutes avant que Maurice ne passe le flambeau à un autre grand, Jean Béliveau. En temps normal, l'ovation réservée à Béliveau aurait presque été égale à celle que vient de recevoir le Rocket, mais la foule est allée au bout de ses émotions. Après environ quatre minutes d'applaudissements, Béliveau remet le flambeau au capitaine suivant, Henri Richard, et ainsi de suite jusqu'à ce que tous aient pu le porter bien haut.

> *« J'ai passé toute ma vie à Montréal, mais je n'ai jamais rien vu de tel, même pas quand nous avons fait capoter la ville en gagnant la coupe il y a trois ans. »*
>
> – Vincent Damphousse

Maurice s'agenouille près de sa plaque sur la Promenade des célébrités du Madison Square Garden.

À tout seigneur tout honneur

La promotion 1961 du Temple de la Renommée du hockey aura été l'une des plus distinguées à recevoir cet honneur. Maurice Richard, à la retraite depuis une année seulement, est membre de cette promotion qui inaugure la nouvelle salle de Exhibition Place à Toronto.

Le Rocket est le premier à être admis au panthéon dans l'année suivant la retraite. Le règlement prévoit une période d'attente de cinq ans entre la retraite et l'intronisation, mais le comité de sélection, reconnaissant le statut spécial du Rocket, décide de passer outre et de l'accueillir immédiatement.

Cette année-là, 16 nouveaux membres sont admis – dix joueurs, trois bâtisseurs et trois officiels. Au nombre des joueurs : Milt Schmidt, Syl Apps, Charlie Conacher, Hap Day, George Hainsworth, Joe Hall et Bruce Stuart.

Univers Maurice Richard ***est une exposition permanente en l'honneur du Rocket à l'intérieur de l'Aréna Maurice-Richard.***

Le Rocket a l'habitude des honneurs, lui qui compte 14 sélections au sein des équipes d'étoiles et un trophée Hart à titre de joueur le plus méritant de la Ligue nationale de hockey. Quelques années après son intronisation au Temple de la renommée, il est admis au Temple de la renommée des sports du Canada. Au fil de sa carrière, il sera élu Athlète canadien de l'année à trois reprises à la faveur d'un sondage de l'agence *Presse Canadienne* auprès des directeurs des sports de tout le pays.

En 1967, année du centenaire du Canada, le gouvernement canadien inaugure l'Ordre du Canada pour honorer des Canadiens exemplaires venus de tous les horizons. Le Rocket est l'un des premiers athlètes à être décoré de l'Ordre par le gouverneur général à Rideau Hall à Ottawa. Fait officier de l'Ordre du Canada le 6 juillet, il sera intronisé le 24 novembre de la même année. En 1985, il sera également fait officier de l'Ordre national du Québec.

Le 22 octobre 1998, Richard et son ancien coéquipier, Jean Béliveau, lui aussi officier, retourneront à Rideau Hall où ils seront faits compagnons de l'Ordre du Canada.

Sugar Ray Robinson, Ted Kennedy, Jack Sharkey, Clarence Campbell** (ci-contre)**, Jesse Owens, Don Budge et Bobby Jones** (ci-dessous)** : autant de personnalités du 20e siècle qui auront partagé un moment de gloire avec Maurice Richard.

Maurice Richard et le premier ministre Jean Chrétien partagent un moment de joie à l'occasion de la soirée-hommage au Rocket, le 25 octobre 1999, qui réunit 3 000 personnes de divers horizons au Centre Molson.

Une ovation embarrassante

Assis sur le banc de l'équipe, Mike Keane, qui ne se doute pas que lui aussi portera brièvement le C, est vidé de toute émotion après la cérémonie.

« Je ne l'ai jamais vu jouer mais, comme plusieurs de mon âge, j'ai entendu mon père, des parents et d'autres personnes de cette génération raconter des histoires à son sujet », dira-t-il.

« Je savais que le Rocket était un géant. Je savais aussi quelle importance avait le Canadien pour la ville et ses fans, mais j'ai été complètement dépassé par les événements. » À ses côtés, Turgeon, Damphousse et d'autres joueurs de la génération Gretzky n'en croient pas leurs yeux.

« J'ai passé toute ma vie à Montréal, dira Damphousse, *mais je n'ai jamais rien vu de tel, même pas quand nous avons fait capoter la ville en gagnant la coupe il y a trois ans. »*

LA MAIN DE L'ARTISTE

Maurice Richard et le peintre Jean-Paul Riopelle collaborent à une œuvre dédiée par l'artiste à son hockeyeur favori.

Le destinataire de ces flots d'amour et d'admiration est sans doute ému, mais peut-être moins que les membres de la nouvelle génération du Canadien. Il donne l'impression de trouver l'ovation embarrassante, ce qu'il confessera d'ailleurs quelques jours plus tard. (Les journalistes qui se précipitent sur la patinoire à la fin de la cérémonie pour obtenir la réaction du Rocket seront déçus d'apprendre qu'il a filé à l'anglaise dès la clôture des festivités.)

Du Maurice tout craché.

Un trophée pour honorer son nom

Au fil de son illustre carrière, Rocket Richard répétera que la méthode pour déterminer le champion des pointeurs de la LNH – valeur égale des buts et des passes – est fautive.

« *L'important, c'est de mettre la rondelle dans le but,* dira-t-il. *Personne ne se rappelle qui a fait la passe. Sans compter que certaines villes de la LNH, Detroit surtout, sont trop généreuses pour les passes. Les buts, c'est ce qui compte.* »

Il faudra une vingtaine d'années à la Ligue nationale de hockey pour convenir avec le Rocket que priorité doit être donnée aux buts.

À l'occasion du match des Étoiles de 1999 à Tampa Bay, la ligue annonce que le trophée Maurice-Richard sera remis chaque année au meilleur buteur. Teemu Selanne, des Mighty Ducks d'Anaheim, en sera le premier lauréat grâce à 46 buts durant la saison 1998-1999 tandis que Pavel Bure, des Panthers de la Floride, fort de 56 buts, revendiquera le même honneur en 1999-2000.

Le Rocket assiste en Floride à la conférence de presse annonçant que le Canadien de Montréal fait don de ce superbe trophée à la LNH. L'émotion est forte: Richard se relève à peine d'une bataille contre un cancer de l'estomac, diagnostiqué un an plus tôt, mais il semble en très grande forme ce jour-là. Le cancer l'emportera 15 mois plus tard.

L'idée d'un trophée en l'honneur de Richard est dans l'air depuis quelques années – à Montréal, un journaliste de la radio, Tom Lapointe, s'en est fait le héraut. Quand la maladie du Rocket est révélée en 1998, le président du Canadien, **Ronald Corey**, prend la tête d'un mouvement en faveur de la reconnaissance de ses exploits.

De dire Corey: «*Jamais un buteur n'a autant que Maurice Richard galvanisé les foules même si, depuis sa retraite, des joueurs de très grand talent, comme Phil Esposito, Guy Lafleur, Mike Bossy, Wayne Gretzky et Mario Lemieux, se sont illustrés.*

« *Si le trophée avait existé plus tôt, chacun de ces cinq noms y aurait été gravé à plusieurs reprises. Une fois établi, le Trophée Maurice-Richard sera l'un des plus convoités au terme de la saison.* »

Les médias de Montréal prennent le train en marche, imités par des journalistes d'autres provinces. Le commissaire de la LNH, Gary Bettman, et la ligue, se laissent convaincre d'autant plus aisément que Corey vient de remettre à Bettman une pétition de plus 200 000 noms.

Conçu et construit par Au Cœur du bronze (cette même entreprise montréalaise qui a créé la statue du Rocket devant l'Aréna Maurice-Richard de Montréal) le trophée de bronze, d'argent sterling, de bois et de laiton comporte 50 plaques (pour les 50 buts en 50 parties), neuf étages (pour le numéro 9), des lisérés bleu, blanc, rouge (couleurs du Canadien), la façade du vieux Forum de Montréal, la devise, en français et en anglais, du Rocket, *Ne jamais abandonner – Never Give Up*, et une statue de Richard.

« *Certains joueurs ont marqué plus de buts que moi, mais je suis heureux que mon nom soit associé à ce trophée* », dira Richard le jour du dévoilement.

Ainsi, 40 ans après son dernier but, la légende du Rocket aura été une fois de plus coulée dans le bronze.

« Bien sûr que j'ai apprécié l'ovation, mais je me demande ce qu'ils applaudissaient », dira-t-il, terre-à-terre comme toujours.

« J'ai pris ma retraite il y a 36 ans. Leurs pères ne m'ont pas vu jouer, mais leurs grands-pères ! Je pense que les fans applaudissaient l'édifice et les bannières de la coupe Stanley. Je suis heureux parce que pour moi, gagner était le plus important et que nous avons gagné beaucoup plus souvent qu'à notre tour. »

Les souvenirs qui hantent cet édifice, rénové à grands frais en 1949 à la suite de ses exploits, le transportent-ils ? La fermeture du Forum créera-t-elle un vide ?

« Pour moi, le déménagement du Forum ne veut rien dire », commentera-t-il, à contre-courant du romantisme déferlant à l'angle des rues Atwater et Sainte-Catherine.

« C'était un bon édifice pour l'époque, comme le Centre Molson l'est pour aujourd'hui. Tout ce qui m'inquiète, c'est que le public paiera maintenant trop cher pour assister à des matchs de hockey. »

“Bien sûr que j'ai apprécié l'ovation, mais je me demande ce qu'ils applaudissaient.”

– Maurice Richard

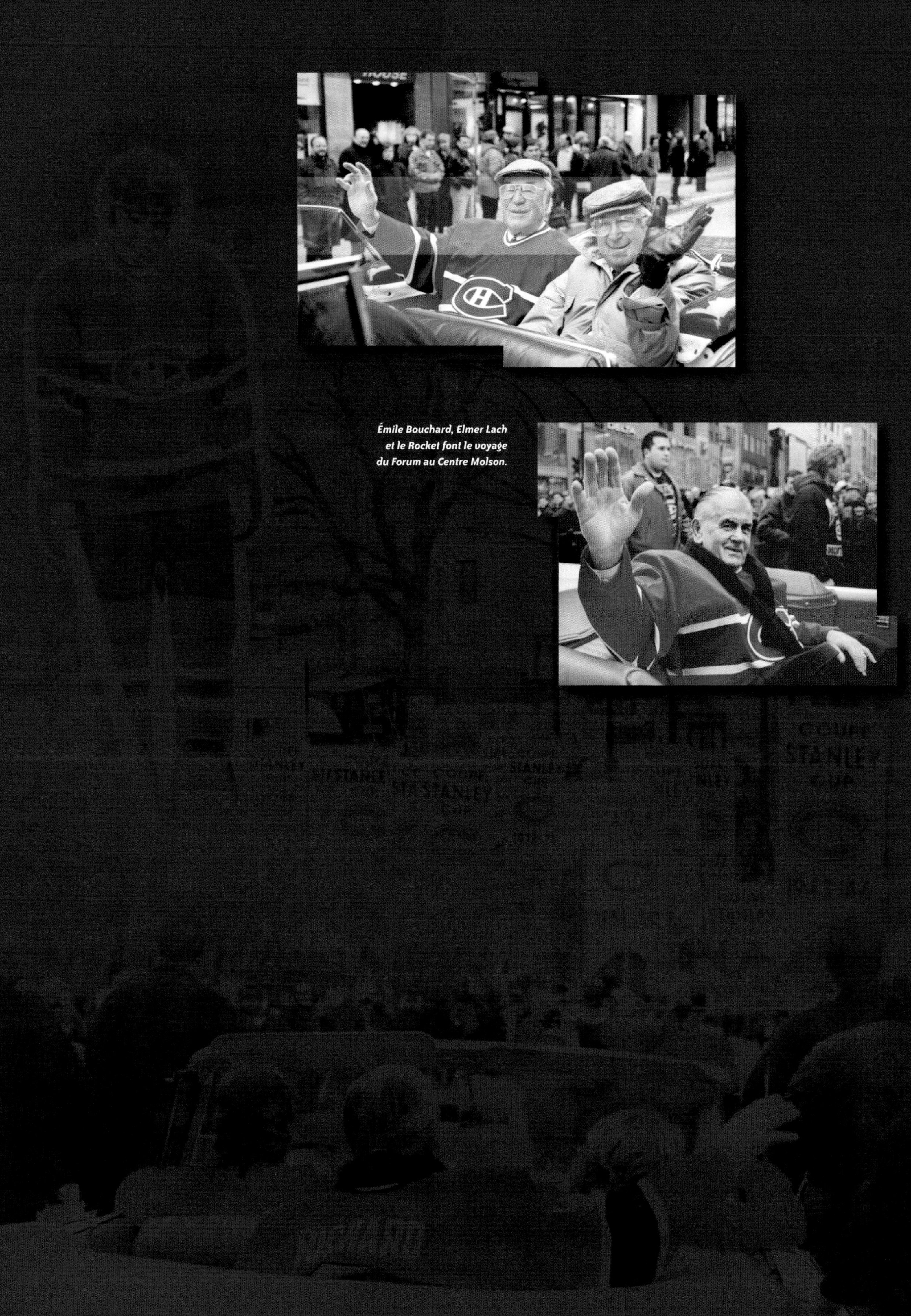

Émile Bouchard, Elmer Lach et le Rocket font le voyage du Forum au Centre Molson.

par Félix Leclerc

1983

Né à La Tuque en 1914, Félix Leclerc est poète, chansonnier, conteur, auteur radiophonique et dramaturge.

Reconnu à juste titre comme le premier chansonnier du Québec, Leclerc manie les mots comme lui seul peut le faire dans des contes, des chansons et dans un magnifique Tour de l'Île *qu'il publia en 1975. Retiré à l'Île d'Orléans,* « quarante-deux milles de choses tranquilles », *il publiera plusieurs recueils de poésie, de contes, de fables et de chansons. Ses pièces, écrites dans une langue imagée, s'inspirent du milieu québécois et tracent des portraits satiriques de l'humanité.*

Félix Leclerc s'éteindra à l'Île d'Orléans, le 8 août 1988.

Maurice Richard :

Quand il lance,
l'Amérique hurle.

Quand il compte,
les sourds entendent.

Quand il est puni,
les lignes téléphoniques sautent.

Quand il passe,
les recrues rêvent.

C'est le vent qui patine.

C'est tout le Québec debout

Qui fait peur et qui vit…

Il neige !

Le Chandail de hockey

par Roch Carrier

Tous, nous portions le même costume que lui, ce costume rouge, blanc, bleu des Canadiens de Montréal, la meilleure équipe de hockey au monde. Tous, nous peignons nos cheveux à la manière de Maurice Richard. Pour les tenir en place, nous utilisions une sorte de colle, beaucoup de colle. Nous lacions nos patins à la manière de Maurice Richard. Nous mettions le ruban gommé sur nos bâtons à la manière de Maurice Richard. Nous découpions dans les journaux toutes ses photographies. Vraiment nous savions tout à son sujet.

Sur la glace, au coup de sifflet de l'arbitre, les deux équipes s'élançaient sur le disque de caoutchouc. Nous étions cinq Maurice Richard contre cinq autres Maurice Richard à qui nous arrachions le disque; nous étions dix joueurs qui portions, avec le même brûlant enthousiasme, l'uniforme des Canadiens de Montréal. Tous nous arborions au dos le très célèbre numéro 9.

(...)

Quand j'arrivai à la patinoire avec ce chandail, tous les Maurice Richard en bleu, blanc, rouge s'approchèrent pour regarder ça. Au coup de sifflet de l'arbitre, je partis prendre mon poste habituel. Le chef d'équipe vint me prévenir que je ferais plutôt partie de la deuxième ligne d'attaque.

Quelques minutes plus tard, la deuxième ligne fut appelée; je sautai sur la glace. Le chandail des Maple Leafs pesait sur mes épaules comme une montagne. Le chef d'équipe vint me dire d'attendre; il aurait besoin de moi à la défense, plus tard.

(...)

À la troisième période, je n'avais pas encore joué. Un des joueurs de défense reçut un coup de bâton sur le nez, il saignait. Je sautai sur la glace: mon heure était venue!

L'arbitre siffla; il m'infligea une punition. J'avais sauté sur la glace quand il y avait encore cinq joueurs. C'en était trop! C'était injuste!

–C'est de la persécution! C'est à cause de mon chandail bleu!

Je frappai mon bâton sur la glace si fort qu'il se brisa.

1979

Né à Sainte-Justine (Québec) en 1937, Roch Carrier, actuellement administrateur général de la Bibliothèque nationale du Canada, publiera plusieurs contes et romans, dont Jolis Deuils *et* La Guerre, yes sir!, *tout en menant une carrière dans l'enseignement et la haute administration.*

En 1979, paraît Le Chandail de hockey, *court récit qui est un hommage à Maurice Richard et qu'il scénarisera pour l'Office national du film. L'extrait ci-contre fait état du désarroi d'un garçon qui, chaud partisan du Rocket, est obligé, par un concours de circonstances, de porter le chandail des Maple Leafs de Toronto.*

LE DERNIER VOYAGE

« Je suis rien qu'un joueur de hockey. »

Pour le déménagement du Forum à l'ultramoderne Centre Molson, le Canadien de Montréal touchera dans le mille en exploitant le thème de la passation du flambeau.

L'ancien et le moderne : le chandail original de Maurice Richard est maintenant un artefact, mais il y aura toujours un chandail numéro 9 à Montréal. Le logo du club Rocket de Montréal, ainsi appelé en l'honneur de Richard, comprend un 9 stylisé. Cependant, aucun joueur du Rocket ne portera jamais le numéro 9. La première partie de cette équipe de la Ligue de hockey junior majeure du Québec a eu lieu le 9 septembre 1999 (9-9-99).

Durant la touchante cérémonie de clôture après le dernier match au Forum, le flambeau évoqué par le colonel John McRae dans le poème *In Flanders Fields – Les Champs des Flandres* passera entre les mains de tous les capitaines encore vivants de l'équipe avant de réapparaître quatre jours plus tard dans le nouvel édifice. Ce poème poignant fait référence aux milliers de soldats canadiens morts en Belgique durant la Première Guerre mondiale. Peut-être avec un rien de prétention, deux vers de la troisième strophe seront affichés bien en vue dans le vestiaire du Canadien six décennies durant. Le Canadien accumulant les triomphes au fil des ans, les traditions entremêlées du flambeau et du Canadien, ainsi que la puissance évocatrice de ces deux vers ne cesseront de croître :

« Nos bras meurtris vous tendent le flambeau
À vous toujours de le porter bien haut. »

Ce sera la deuxième citation en importance à émaner du sanctuaire de la Sainte Flanelle.

« Je suis rien qu'un joueur de hockey », une assertion de Maurice Richard, sera la première.

Sans les exploits de Maurice Richard dans les années 40 et 50, les vers du colonel McRae n'auraient jamais atteint la portée mythique que l'on sait. À lui seul, le Rocket redonnera vie à une équipe dans les abîmes. Il en fera un symbole de fierté pour le Canada français et, comme un grand frère, entraînera dans son sillage des joueurs québécois de talent, les Béliveau, Plante, Geoffrion, Talbot, Goyette, Cournoyer, Lemaire, Lafleur, Roy.

« Nos bras meurtris vous tendent le flambeau
À vous toujours de le porter bien haut. »

– Colonel John McRae

Plusieurs autres Québécois de tous les horizons verront en cet homme un phénomène social et voudront le convaincre d'embrasser les causes les plus diverses.

«*Je suis rien qu'un joueur de hockey*», répondra-t-il respectueusement.

À vrai dire, Maurice Richard est le flambeau, la lumière ardente de l'âme d'un peuple. Au moment où le Canada français émerge dans l'après-guerre, un hockeyeur, par ses exploits, devient un symbole de fierté et de détermination pour plusieurs de ses compatriotes. Le Canada français ne peut se sentir diminué quand lui plane si haut dans le monde du hockey.

«Superstar», «symbole», «idole», voilà des mots trop souvent galvaudés, mais qui s'appliquent parfaitement à Maurice Richard.

«*Je suis rien qu'un joueur de hockey.*»

Et voici que, en l'an 2000, le Rocket sera appelé là-haut.

La dernière décennie du siècle aura été éprouvante pour le Rocket. Les années 90 sont à peine commencées que sa bien-aimée Lucille tombe gravement malade. En 1992, Lucille et Maurice célébreront avec leurs sept enfants leur 50e anniversaire de mariage; deux ans plus tard, elle s'éteindra, laissant un grand vide dans sa vie. Sonia Raymond, amie d'Huguette, une des filles de Maurice, comblera en partie ce vide, elle qui avait accompagné Lucille dans son dernier combat et qui deviendra la compagne des dernières années du Rocket. Elle manifestera tout son dévouement quand le Rocket sera diagnostiqué du cancer en 1998.

En 1990, le Rocket, dans le cadre d'un programme de sensibilisation au cancer de la prostate, parcourra le pays pour rappeler aux Canadiens les avantages d'un examen annuel de la prostate, maladie qui a emporté son père Onésime des années plus tôt. Aux côtés de Maurice au lancement de la campagne, Claude Seurret, président de Schering Canada, et le Dr Jean Dupont (à gauche).

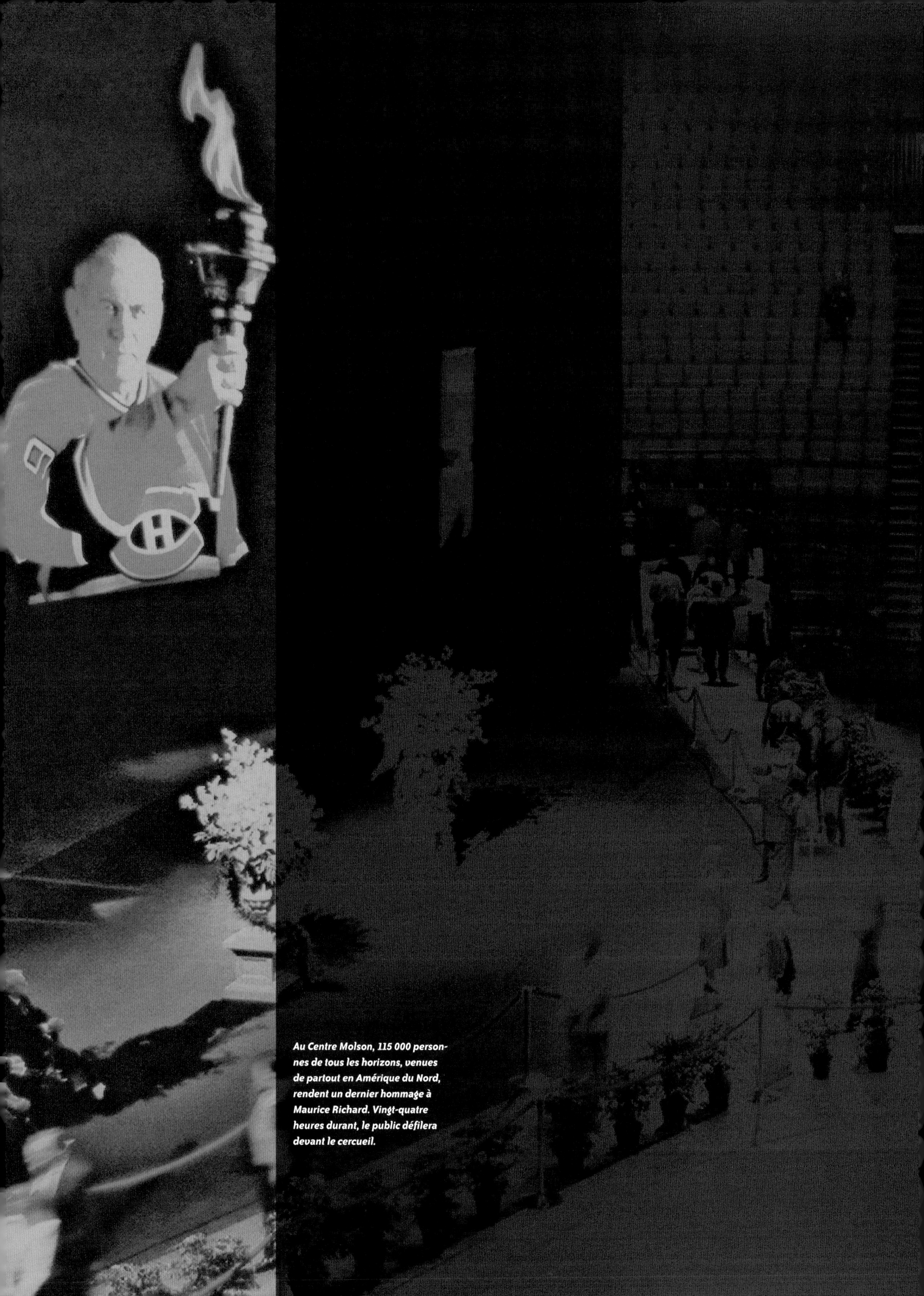

Au Centre Molson, 115 000 personnes de tous les horizons, venues de partout en Amérique du Nord, rendent un dernier hommage à Maurice Richard. Vingt-quatre heures durant, le public défilera devant le cercueil.

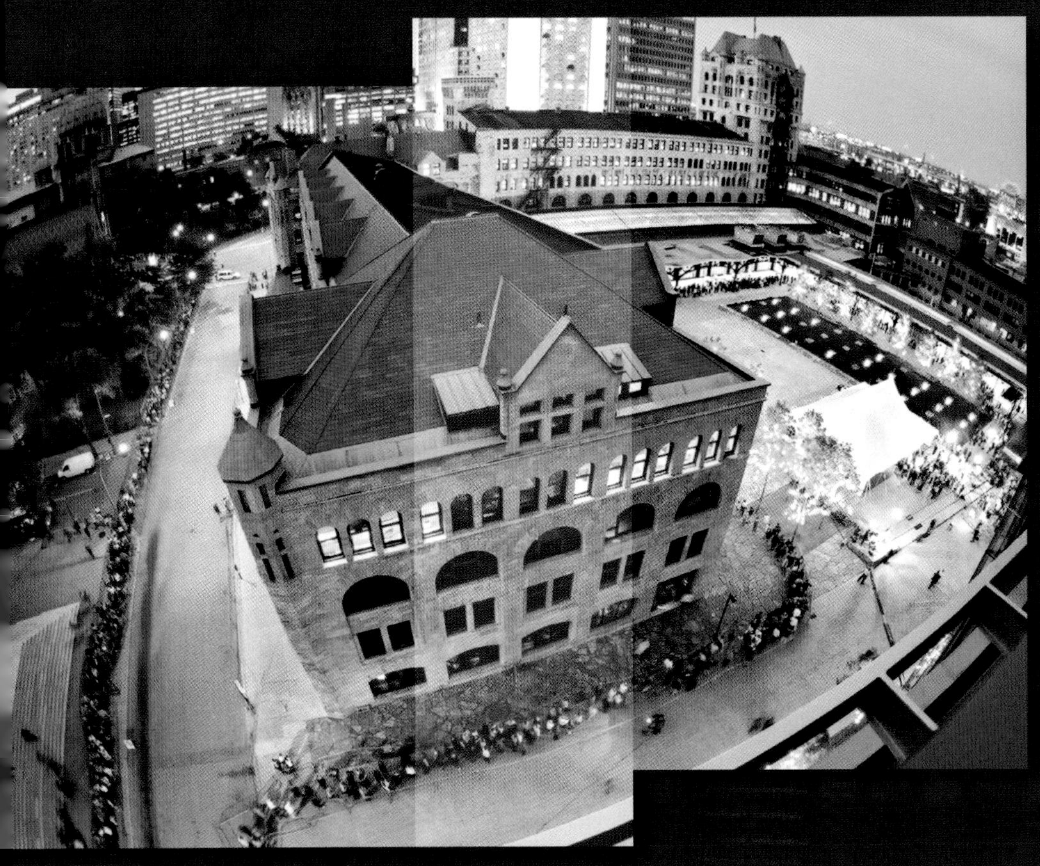

La file s'étire sur un pâté de maisons et contourne même les installations de la gare Windsor.

C'est dans une tente érigée dans la cour de la gare Windsor que les fans déposent des messages et des fleurs pour leur héros.

En chapelle ardente

La maladie a un effet d'accélération sur le monde autour du Rocket. À l'occasion d'une soirée hommage au Centre Molson, à laquelle participent plus de 3000 amis, la reine Élisabeth II, Wayne Gretzky, Jack Nicklaus, le sénateur Edward Kennedy, Elvis Stojko et d'autres lui adressent leurs vœux par satellite ou télégramme. Trois semaines plus tard, en novembre 1999, une émission de télévision en deux volets, *Maurice Richard – Histoire d'un Canadien*, est diffusée par Radio-Canada.

Richard reprend du mieux cet hiver-là, mais sa santé se détériore au début de mai. À 5 h 40, le samedi 27 mai 2000, Maurice Richard rend l'âme.

La disparition de Joseph Henri Maurice Richard sera unique, comme sa carrière. Le lendemain matin, des quotidiens, partout dans le monde, titrent *Adieu, Rocket*. Le Centre Molson, l'hôtel de ville et les médias reçoivent des milliers d'appels de fans désireux de savoir où ils pourront lui rendre un dernier hommage.

Henri Richard, au nom de plusieurs générations de joueurs du Canadien de Montréal, fait l'éloge funèbre de son grand frère et ancien coéquipier.

(À droite)
La statue du Rocket, dans l'avant-cour de l'Aréna Maurice-Richard, dans l'est de Montréal, se transforme instantanément en monument commémoratif. Les fans la couvrent de drapeaux, de cartes, de messages manuscrits, de fleurs et de chandails de hockey.

Il est convenu que le Rocket sera la troisième personne exposée en chapelle ardente dans l'aréna de l'équipe – Howie Morenz et Frank Selke l'avaient été au Forum. Le 30 mai, le corps du Rocket est exposé sur la patinoire du Centre Molson. Les admirateurs du Rocket font la queue hors de l'édifice, jusqu'à ceinturer la gare Windsor, adjacente. Plus de 115 000 personnes défileront devant le cercueil paré de fleurs, y compris le club junior, le Rocket de Montréal, dont Maurice Richard a contribué au lancement le 9 septembre 1999 (9-9-99 n'est pas une coïncidence). Des milliers signent une carte géante dans une tente dressée dans la cour de la gare Windsor et y déposent des fleurs. À l'autre bout de la ville, à l'Aréna Maurice-Richard, la statue de bronze du Rocket est drapée de chandails de hockey, de drapeaux, d'affiches, de notes et de fleurs.

« Je suis rien qu'un joueur de hockey. »

Pourtant, ces hommages sans fin ne donnent qu'un avant-goût des funérailles, le 31 mai. Des milliers de citoyens, parfois en rangées de dix ou de vingt, se pressent au passage du cortège funèbre dans les rues du centre-ville, du Centre Molson à la magnifique basilique Notre-Dame dans le Vieux-Montréal, et donnent à Maurice Richard l'ultime ovation. Plus de 3 000 invités se rassemblent à l'intérieur de l'église et des milliers d'autres suivent le cortège à pied.

HOMMAGE DES EXPOS

Les Expos de Montréal trouveront une façon originale de rendre hommage au légendaire Maurice Richard après sa mort – en cousant le fameux numéro 9 sur la manche droite de leur uniforme pour le reste de la saison 2000. Pour la première fois de son histoire, le baseball majeur honore ainsi un athlète d'un autre sport. À la fin de la saison, les Expos faisaient don de l'uniforme numéro 9 du premier-but Lee Stevens au Temple de la renommée du hockey.

« Maurice Richard est un géant. Il a été une étoile extraordinaire au firmament du hockey et reste un héros légendaire pour Montréal, le Québec et le pays tout entier », *dira le propriétaire des Expos, Jeff Loria, en annonçant la nouvelle, le 1er juin.*

« L'honorer ainsi témoigne d'un profond respect. C'est avec une extrême fierté que les joueurs arboreront son numéro pendant le reste de la saison. »

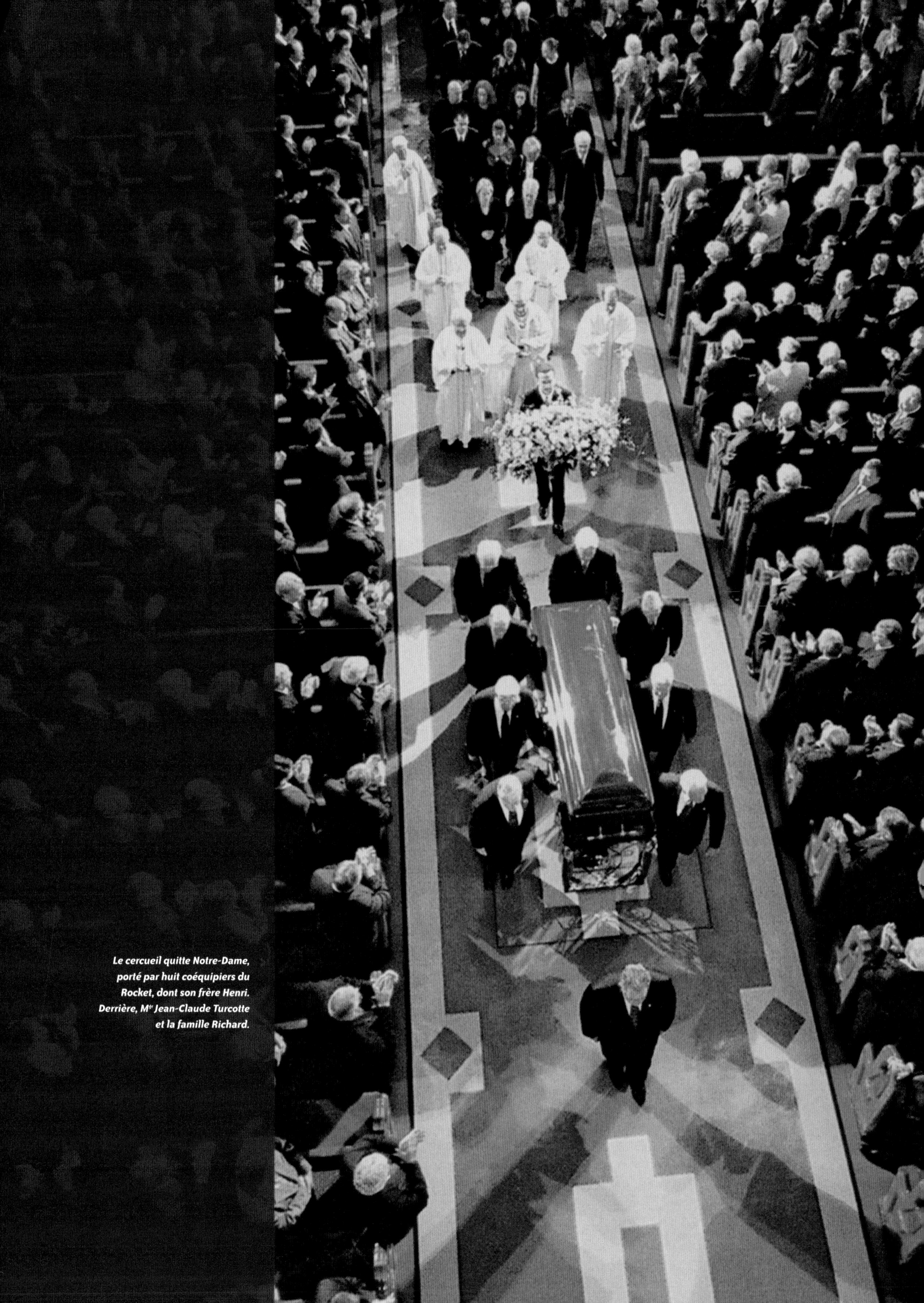

Le cercueil quitte Notre-Dame, porté par huit coéquipiers du Rocket, dont son frère Henri. Derrière, Mgr Jean-Claude Turcotte et la famille Richard.

Les coéquipiers du Rocket se recueillent en cette occasion solenelle.

Le monde de la politique, que le Rocket se sera fait un devoir d'éviter durant toute sa vie, est bien représenté. Le premier ministre, Jean-Chrétien, le premier ministre du Québec, Lucien Bouchard, le maire de Montréal, Pierre Bourque, sont présents, tout comme des membres des cabinets fédéral et provincial et de l'administration municipale.

Les funérailles de trois géants québécois du 20e siècle, René Lévesque et Robert Bourassa, premiers ministres, ainsi que le légendaire maire de Montréal, Jean Drapeau, auront été célébrées en présence de milliers de leurs compatriotes, mais celles du Rocket les dépassent toutes. Les premiers ministres du Canada et du Québec, des membres des deux cabinets et le monde du hockey remplissent la basilique Notre-dame.

«Je suis rien qu'un joueur de hockey.»

Les porteurs du cercueil, son frère Henri et ses coéquipiers Elmer Lach, Jean Béliveau, Dickie Moore, Ken Mosdell, Gerry McNeil, Butch Bouchard et Kenny Reardon sont profondément émus, comme les milliers de personne aux abords de l'église.

En ce jour où les sourires se mêlent aux larmes, la messe de requiem est marquée de témoignages émouvants et éloquents de la famille et des amis, de l'interprétation sublime de *Ceux qui s'en vont* par Ginette Reno et de l'homélie brillante de Mgr Jean-Claude Turcotte, dont les allusions à Jésus le Pêcheur ont dû tirer un sourire à ce pêcheur invétéré qu'était le Rocket.

Là où il se trouve, le Rocket regarde la scène avec quelques amis : Frank Selke, Dick Irvin et Toe Blake, Jacques Plante et Bill Durnan, Jean-Claude Tremblay, Claude Provost et Murph Chamberlain.

«Je suis rien qu'un joueur de hockey», dit-il une dernière fois.

Le monde entier est d'un autre avis.

“Je suis rien qu'un joueur de hockey.”

– Maurice Richard, 1921-2000

Note de l'éditeur

Nous nous sommes efforcés de retracer les auteurs des photos et les détenteurs de leur copyright. Si des erreurs se sont glissées, nous les corrigerons à la réimpression.

Les photos sont listées de gauche à droite et de haut en bas sur la page où elles apparaissent. Le nom du photographe est en italique. La source de la photo, si celle-ci ne provient pas de son auteur ou du détenteur du copyright, figure entre parenthèses.

L'année où la photo a été prise est indiquée, le cas échéant.

Abréviations

CMR : Collection Maurice Richard
CHC : Club de hockey Canadien
HHOF : Temple de la renommée du hockey
BBS : Bruce Bennett Studios
TPP : Team Power Publishing

P.1 MAURICE RICHARD C. LES MAPLE LEAFS, 1955, *David Bier*, ©David Bier/CHC

P.2-3 LE REGARD DU ROCKET, *David Bier*, ©David Bier/CHC

DICK IRVIN & ÉQUIPE, *David Bier*, ©David Bier/CHC

MAURICE RICHARD ET COUPE STANLEY, *Turofsky*, ©Imperial Oil-Turofsky/HHOF

PARTIE DES ÉTOILES, 1956, *David Bier* (Collection Eleonor Kirshner), ©CHC

NUMÉRO 9, 2000, *Guy Tessier*, ©TPP

P.5 Voir les crédits des ouvertures de chapitres

P.6 MAURICE & HENRI RICHARD, 1956, (Collection Eleonor Kirshner), ©CHC

HENRI RICHARD, 1993, *Bob Fisher*, ©Bob Fisher/CHC

P.7 HOMME AU DRAPEAU, 2000, *Ladislav Kadyszewski*, ©Kadyszewski/CHC

PIERRE BOIVIN, ©CHC

P.8 MAURICE RICHARD, 1994, *Bob Fisher*, ©Bob Fisher/CHC

CHAPITRE 1

P.10-11 M. RICHARD ENTRANT, ©La Presse

HENRI & CLAUDE RICHARD JOUANT AU HOCKEY, 1943, (Rollande Richard), ©Collection G. Depelteau Vallée

M. RICHARD DU CLUB PAQUETTE, (Rollande Richard), ©Collection G. Depelteau Vallée

CANADIEN C. RANGERS, 1944, ©BBS

ONÉSIME RICHARD, (Georgette Richard), ©Collection G. Depelteau Vallée

MAISON FAMILIALE DES RICHARD, (Georgette Richard), ©Collection G. Depelteau Vallée

P.12 MAURICE RICHARD, ©CMR

P.13 DICK IRVIN, CIRCA 1944, ©HHOF

P.14 JEUNE MAURICE RICHARD, ©Imperial Oil-Turofsky/HHOF

MAURICE RICHARD AVEC ADMIRATEURS, 1957, *John Taylor*, ©La Presse

MAURICE LISANT LE JOURNAL, ©CMR

P.15 CANADIENS 1945-46, David Bier, ©David Bier/CHC

FORUM DE MONTRÉAL CIRCA 1950, ©CHC

P.17 MAURICE RICHARD BÉBÉ, (Rollande Richard), ©Collection G. Depelteau Vallée

MAURICE, GEORGETTE & LEURS PARENTS, (Georgette Richard), ©Collection G. Depelteau Vallée

MAURICE & SES PARENTS, (Rollande Richard), ©Collection G. Depelteau Vallée

P.18 ÉQUIPE DE HOCKEY MIDGET PAQUETTE, ©CMR

M. RICHARD ET P.-É. PAQUETTE, (Rollande Richard), ©Collection G. Depelteau Vallée

P.19 CANADIENS 1030-31, *Jimmy Rice*, ©Collection Chrys Goyens

AURÈLE JOLIAT, ©HHOF

NEWSY LALONDE, *Jimmy Rice*, ©CHC

ACTION HOWIE MORENZ, ©HHOF

P.20 ÉQUIPE DE HOCKEY MIDGET PAQUETTE, ©CMR

P.21 CARTE DE HOCKEY, ©Univers Maurice Richard

P.22 PHOTO DE MARIAGE, 1942, ©CHC

50ᵉ ANNIVERSAIRE DE MARIAGE, ©La Presse

FAMILLE RICHARD ET TROPHÉE, 1999, *Bob Fisher*, ©Bob Fisher/CHC

LUCILLE & MAURICE JEUNES, ©CMR

MAURICE & LUCILLE, *Bob Fisher*, ©Bob Fisher/CHC

P.23 LE BAISER, *David Bier*, ©CMR

LES RICHARD AVEC BÉBÉ, ©CMR

PHOTO DE FAMILLE, ©CMR

LUCILLE & MAURICE SUR LA PLAGE, ©CMR

P.24 LE ROCKET EN ACTION, ©CMR

PAUL HAYNES, *David Bier*, ©David Bier/CHC

P.25 ROCKET & ELMER LACH, 1947, ©La Presse

CLUB DE HOCKEY CANADIEN, ©CMR

P.26 MAURICE RICHARD, ©CMR

P.27 CANADIEN C. RANGERS, 1944, ©BBS

MAURICE AVEC LA RONDELLE, ©CMR

STEVE BUZINSKI, ©HHOF

CHAPITRE 2

P.28-29 LES CANADIENS CÉLÉBRANT, ©La Presse

VISITE AU COLLÈGE DE MONTRÉAL, ©CMR

MAURICE RICHARD EN ACTION (trois photos), ©CMR

LUCILLE & MAURICE, *David Bier*, ©CMR

P.30 100ᵉ BUT DU ROCKET CONTRE BRODA, *Turofsky*, ©Imperial Oil-Turofsky/HHOF

P.31 ÉQUIPE DE BASEBALL DU CANADIEN, ©CMR

P.32 MAURICE RICHARD, *Paul Stuart*, ©La Presse

LE ROCKET EN ACTION, ©La Presse

P.33 LES CANADIENS À L'ORPHELINAT SAINT-ARSÈNE, 1953, *Marcel Desjardins*, ©La Presse

MAURICE PATINANT, *Turofsky*, ©Imperial Oil-Turofsky/HHOF

P.34 MAURICE, E.LACH & FILS, *René Julien*, ©La Presse

P.35 DICK IRVIN AVEC JOUEURS, *David Bier*, ©David Bier/CHC

MAURICE RICHARD TENANT SES PATINS, ©La Presse

SYLVIO MANTHA, *Jimmy Rice*, ©Collection Chrys Goyens

CHARLIE SANDS, 1940, ©CHC

ÉQUIPEMENT DE HOCKEY, ©La Presse

MAURICE RICHARD VU DE DOS, *David Bier*, ©David Bier/CHC

P.36 ROCKET C. MAPLE LEAFS, *Turofsky*, ©Imperial Oil-Turofsky/HHOF

MAURICE RICHARD TENANT UNE RONDELLE, ©CMR

ROCKET AVEC CHANDAIL ROUGE, *Jimmy Rice*, ©CHC

LES CANADIENS CÉLÉBRANT, ©La Presse

P.37 PUNCH LINE RETRAITÉE, *Denis Brodeur*, ©Denis Brodeur

JEUNE PUNCH LINE, *David Bier*,©CHC

P.38 LE REGARD DU ROCKET, *David Bier*, ©David Bier/CHC

6 PHOTOS D'ACTION, ©CMR

P.39 MAURICE RICHARD AVEC MISSILE, ©CMR

COUVERTURE LE ROCKET DU HOCKEY, ©CHC

MAURICE RICHARD SUR PATINS, *Roger St-Jean*, ©La Presse

P.40 TOUR DU CHAPEAU, *Roger St-Jean*, ©La Presse

MAURICE RICHARD AVEC TROPHÉE, 1967, ©La Presse

ROCKET COMPTANT UN BUT, *David Bier*, ©David Bier/CHC

P.41 ROCKET AVEC CHAPEAU, *Albert Giroux*, ©CMR

P.42 ROCKET & TOE BLAKE, ©CMR

RICHARD C. RANGERS, ©BBS

P.43 MAURICE AVEC BÂTON, ©HHOF

CANADIENS 1943-44, *David Bier*, ©David Bier/CHC

CHAPITRE 3

P.44-45 CÉLÉBRATION COUPE STANLEY, 1953, *David Bier*, ©David Bier/CHC

FRANK SELKE, ©HHOF

RICHARD & BÉLIVEAU, ©CHC

FRANK SELKE AVEC CHAPEAU, ©HHOF

JOURNÉE MAURICE RICHARD À TORONTO, *Turofsky*,©CMR

SÉNATEUR H. MOLSON PRÉSENTE UN CADEAU, 1958, ©La Presse

P.46 MAURICE & LOUIS ST-LAURENT, 1949, *Albert Giroux*, ©CMR

ONÉSIME & MAURICE RICHARD, *Canadian Pacific*, ©La Presse

LES CANADIENS AVEC CAMILIEN HOUDE, 1946, ©La Presse

P.47 RICHARD & SELKE, *Adolphe*, ©CMR

P.48 BILL DURNAN & LE ROCKET, *(CHC)*, ©La Presse

RICHARD C. JACQUES PLANTE, 1957, ©La Presse

CANADIEN C. RANGERS, ©CHC

RICHARD C. TERRY SAWCHUK, 1956, ©La Presse

WALTER TURK BRODA, *Imperial Oil*, ©HHOF

P.49 CANADIEN C. RED WINGS, ©CHC

P.50 GAGNANTS DE LA COUPE STANLEY 1956, ©Collection Jean Béliveau

P.51 LE ROCKET & ENFANTS EN TRAÎNEAU, *G. A. Laferrière*, ©CMR

E. LACH, M. RICHARD & FILS, *René Julien*, ©CMR

MAURICE, LUCILLE & LEURS FILLES, 1959, *Roger St-Jean*,©La Presse

P.52 CANADIEN C. MAPLE LEAFS, *Turofsky*, ©Imperial Oil-Turofsky/HHOF

TED LINDSAY, *Turofsky*, ©Imperial Oil-Turofsky/HHOF

TED LINDSAY DANS VESTIAIRE, *Turofsky*, ©Imperial Oil-Turofsky/HHOF

BILL GADSBY, *Turofsky*, ©Imperial Oil-Turofsky/HHOF

RED KELLY, ©HHOF

P.53 BOUM BOUM GEOFFRION & LE ROCKET, 1954, ©La Presse

P.54 MAURICE RICHARD, ©BBS

P.55 LE ROCKET & TOE BLAKE, *Turofsky*, ©Imperial Oil-Turofsky/HHOF

ÉMILE BOUCHARD, *David Bier*, ©David Bier/CHC

P.56 LE ROCKET SUR PATINS, *David Bier*, ©CMR

LES CANADIENS 1946-47, *Jimmy Rice*, ©CMR

P.57 RICHARD & COÉQUIPIERS, *Frank Prazak*, ©Frank Prazak/HHOF

NEWSY LALONDE & MAURICE RICHARD, 1956, ©La Presse

LES CANADIENS DANS LE VESTIAIRE, 1948, *Réal St-Jean*, ©La Presse

JACQUES PLANTE, *David Bier*, ©David Bier/CHC

CANADIENS 1950, ©CMR

CHAPITRE 4

P.58-59 RICHARD & HOWE AVEC ENFANTS, *Denis Brodeur*, ©Denis Brodeur

RED WINGS C. CANADIENS, ©BBS

HOWE & RICHARD ASSIS, *Denis Brodeur*, ©Denis Brodeur

MAURICE RICHARD TENANT LA RONDELLE, *United Press*, ©CMR

M. RICHARD SUR PATINS, *David Bier*, ©CMR

GORDIE HOWE SUR PATINS, ©London Life-Portnoy/HHOF

M. RICHARD VU DE DOS, 1955, *David Bier*, ©David Bier/CHC

P.60 ROCKET & YVON ROBERT, ©CMR

P.61 LE ROCKET C. MAPLE LEAFS, *Turofsky*, ©Imperial Oil-Turofsky/HHOF

P.62 ÉQUIPE DES ÉTOILES 1949, ©CMR

P.63 RICHARD AU TABLEAU NOIR, ©La Presse

MAURICE RICHARD AVEC TROPHÉE, 1951, ©La Presse

LE ROCKET AVEC SES RONDELLES, ©CMR

P.64 LACH, RICHARD, THOMSON & KENNEDY, 1954, ©La Presse

P.65 MAURICE RICHARD & RED STOREY, ©CHC

P.66 LACH & RICHARD TENANT LA COUPE, 1953, *David Bier*, ©David Bier/CHC

LACH, RICHARD & BOUCHARD FÊTANT, 1953, *David Bier*, © David Bier/CHC

P.67 COUPE STANLEY, ©HHOF

ACCOLADE DE LACH & RICHARD, 1953, *David Bier*, ©David Bier/CHC

P.68 CANADIEN C. RED WINGS, *David Bier*, ©David Bier/CHC

P.69 NORMAND & MAURICE RICHARD, 1957, ©La Presse

M. RICHARD SOUTENU PAR LA FOULE, 1954, *Jacques Doyon*, ©CMR

M. RICHARD, É. GENEST & P. VALCOUR, 1954, ©La Presse

FOULE À LA GARE WINDSOR, 1954, *David Bier*, ©CMR

P.70 LE ROCKET & SUGAR JIM HENRY, 1952, *Roger St-Jean*, ©La Presse

BUT HISTORIQUE MONTREAL C. BOSTON, 1952, *Jacques Doyon*, ©CHC

ROCKET & SÉNATEUR DONAT RAYMOND, 1952, ©La Presse

P.71 RICHARD & COÉQUIPIERS, *Turofsky*, ©Imperial Oil-Turofsky/HHOF

RED HENRY & RICHARD EN ACTION, *David Bier*, ©David Bier/CHC

P.72 HOWE & RICHARD ASSIS, *Denis Brodeur*, ©Denis Brodeur

P.73 MAURICE & HENRI RICHARD, 1956, (Collection Eleonor Kirshner), ©CHC

FRÈRES RICHARD & DICKIE MOORE, ©HHOF

HENRI RICHARD AVEC COUPES, 1993, *Bob Fisher*, ©Bob Fisher/CHC

P.74-75 MAURICE RICHARD C. LES MAPLE LEAFS, 1955, *David Bier*, ©David Bier/CHC

CHAPITRE 5

P.76-77 UNE BOMBE EXPLOSE AU FORUM, 1955, *David Bier*, ©David Bier/CHC

LE ROCKET C. LES RANGERS, *David Bier*, ©David Bier/CHC

MAURICE RICHARD EN COMPLET, *David Bier*, ©CMR

LE FORUM, LE JOUR APRÈS L'ÉMEUTE, 1955, ©La Presse

RUE STE-CATHERINE APRÈS L'ÉMEUTE, 1955, ©La Presse

MAURICE RICHARD AVEC CHAPEAU, 1955, *Roger St-Jean*, ©La Presse

P.78 CANADIEN C. BLACKHAWKS, ©CHC

LE ROCKET C. LES MAPLE LEAFS, (HHOF), ©Michael Burns

P.79 RICHARD, GORMAN, LACH & BLAKE, 1955, ©La Presse

P.80 HUGH MacLENNAN, ©Archives Université McGill

ACTION CANADIEN C. MAPLE LEAFS, ©BBS

P.81 RICHARD AVEC ADMIRATEURS, ©CMR

MAURICE RICHARD SIGNE DES AUTOGRAPHES, ©CMR

P.84 L'ARBITRE FRANK UDVARI, ©Frank Udvari

BRUINS C. CANADIEN & ARBITRES, 1955, *Herbert Capwell*, ©Frank Udvari

RICHARD ENTOURÉ D'ARBITRES, ©Imperial Oil-Turofsky/HHOF

L'ARBITRE RED STOREY, ©HHOF

P.85 JACQUES PLANTE, 1957, *Turofsky*, ©Imperial Oil-Turofsky/HHOF

RED STOREY & MAURICE RICHARD EN ARBITRES, 1979, *Armand Trottier*, ©La Presse

MAURICE RICHARD EN ARBITRE, *Graphic Artists*, ©HHOF

JEUNE FRANK UDVARI, *Turofsky*, ©Frank Udvari

BILL CHADWICK, ©BBS

P.86 MAURICE RICHARD EN COMPLET, *David Bier*, ©CMR

P.87 BOUM BOUM GEOFFRION & MAURICE RICHARD, 1955, ©La Presse

P.88-89 CLARENCE CAMPBELL À SON BUREAU, 1955, ©CMR

DICK IRVIN & MAURICE RICHARD, 1955, *Roger St-Jean*, ©La Presse

KENNY REARDON & MAURICE RICHARD, 1955, ©La Presse

JOURNALISTES À LA PORTE DU BUREAU, 1955, ©CMR

P.90 HENRI & MAURICE RICHARD, *Turofsky*, ©Imperial Oil-Turofsky/HHOF

P.91 MAURICE & BOUM BOUM GEOFFRION, *Denis Brodeur*, ©Denis Brodeur

P.92 PORTRAIT DE H. WARREN WIND, ©USGA

ACTION CANADIEN-BRUINS, 1952, *Jacques Doyon*, ©CHC

P.93 CARTE DE HOCKEY, ©Univers Maurice Richard

P.94 MAURICE RICHARD ASSIS, 1955, ©La Presse

C. CAMPBELL DANS LA FOULE, 1955, ©La Presse

P.95 CARTE DE HOCKEY, ©Univers Maurice Richard

P.96-97 UNE BOMBE EXPLOSE AU FORUM, 1955, *David Bier*, ©David Bier/CHC

RUE STE-CATHERINE APRÈS L'ÉMEUTE, 1955, ©La Presse

PREMIÈRE PAGE MONTRÉAL-MATIN, 18 mars 1955, ©La Presse

MANIFESTANTS À L'EXTÉRIEUR DU FORUM, 1955, ©La Presse

LE FORUM, LE JOUR APRÈS L'ÉMEUTE, 1955, ©La Presse

P.98 J. BÉLIVEAU, R. LECAVALIER & LE ROCKET, ©Collection Jean Béliveau

P.99 L'APPEL AU CALME À LA RADIO, 1955, *David Bier*, ©La Presse

P.100 DICK IRVIN, 1955, *Roger St-Jean*, ©La Presse

LE ROCKET & COÉQUIPIERS, *Glay Sperling*, ©CMR

LE ROCKET, D. IRVIN & F. SELKE, ©CMR

P.101 C. CAMPBELL & LES RICHARD, *Denis Brodeur*, ©Denis Brodeur

P.102 ANDRÉ LAURENDEAU, 1961, *Yves Beauchamp*, ©La Presse

MANIFESTANTS À L'EXTÉRIEUR DU FORUM, 1955, ©La Presse

CHAPITRE 6

P.104-105 PARTIE DES ÉTOILES, 1956, *David Bier* (Collection Eleonor Kirshner), ©CHC

MAURICE RICHARD AVEC COUPE STANLEY, *Turofsky*, ©Imperial Oil-Turofsky/HHOF

LE ROCKET MARCHANT, *Roger St-Jean*, ©La Presse

PROGRAMME DU FORUM, ©HHOF

MAURICE RICHARD SALUANT, 1957, *David Bier*, ©CMR

MAURICE RICHARD EN CAPITAINE, ©BBS

P.106 MAURICE RICHARD SUR PATINS, *David Bier*, ©David Bier/CHC

P.107 ACTION CANADIEN-MAPLE LEAFS 1, *Turofsky*, ©Imperial Oil-Turofsky/HHOF

ACTION CANADIEN-MAPLE LEAFS 2, *Turofsky*, ©Imperial Oil-Turofsky/HHOF

ACTION CANADIEN-MAPLE LEAFS 3, *David Bier*, ©David Bier/CHC

ACTION CANADIEN-MAPLE LEAFS 4, 1960, *David Bier*,©David Bier/CHC

P.108 CANADIENS CÉLÉBRANT, 1958, ©La Presse

ROCKET & FRED CYCLONE TAYLOR, *Turofsky*, ©Imperial Oil-Turofsky/HHOF

P.109 LE ROCKET SIGNE DES AUTOGRAPHES, *David Bier*, ©David Bier/CHC

M. RICHARD AVEC ENFANTS, ©CMR

M. RICHARD EN COMPLET, AVEC ENFANTS, ©La Presse

JOHNNY QUILTY, 1941, ©CHC

LE ROCKET SIGNANT DES AUTOGRAPHES, *Denis Brodeur*, ©Denis Brodeur

P.110 M. RICHARD AVEC LAMPE, 1958, ©La Presse

2 CARTES DE HOCKEY, ©Univers Maurice Richard

P.111 ROCKET AVEC LA COUPE STANLEY, 1958, *David Bier*, ©David Bier/CHC

LES CANADIENS À LA GARE WINDSOR, 1958, *Lucien Desjardins*, ©CHC

P.112 CANADIENS 1959-60, ©CHC

P.113 ROCKET COUCHÉ SUR LA GLACE, *David Bier*, ©David Bier/CHC

ON ENLÈVE LE PLÂTRE DU ROCKET, 1959, *Roger St-Jean*, ©La Presse

LUCILLE RICHARD LA JAMBE DANS LE PLÂTRE, ©La Presse

M. RICHARD DANS LE BUREAU DU MÉDECIN, 1959, *Roger St-Jean*, ©La Presse

P.114 ROCKET ASSIS, *J.-Y. Létourneau*, ©La Presse

M. RICHARD & A. STANLEY, 1960, ©HHOF

ACTION CANADIEN C. MAPLE LEAFS, 1960, ©Michael Burns

P.115 BANNIÈRES DE LA COUPE STANLEY, 1996, Bob Fisher, ©Bob Fisher/CHC

M. RICHARD & COUPE STANLEY, 1960, *Turofsky*, ©Imperial Oil-Turofsky/HHOF

P.116 LA PRESSE, 16 septembre 1960, pp.1 & 33, ©La Presse

THE MONTREAL STAR, première page, 16 septembre 1960, ©The Gazette

M. RICHARD SALUANT, ©BBS

P.117 M. RICHARD À L'HÔTEL REINE-ELIZABETH, 1960, *David Bier*, ©CMR

ROCKET ANNONÇANT SA RETRAITE, 1960, *David Bier*, ©CMR

APRÈS L'ANNONCE DE SA RETRAITE, 1960, *David Bier*, ©CMR

CHAPITRE 7

P.118-119 M. RICHARD & FILS, 1966, ©La Presse

ROCKET & SA PETITE-FILLE CLAUDIA, 1991, *Bernard Brault*, ©La Presse

M. RICHARD & É. BOUCHARD, 1956, ©La Presse

LES RICHARD SUR LA PATINOIRE, ©CMR

RICHARD EN BATEAU À MOTEUR, ©CMR

P.120 MAURICE & LUCILLE AVEC BÉBÉ, ©CMR

LA BÉNÉDICTION, ©CMR

P.121 NUMÉRO 9, 2000, *Guy Tessier*, ©TPP

P.122 ALICE RICHARD, 1956, ©La Presse

HENRI, MAURICE & CLAUDE RICHARD, ©CHC

P.123 LE COUPLE RICHARD AVEC GEORGES VANIER, 1957, ©CHC

M. RICHARD SERRANT LA MAIN DE T. BLAKE, 1960, *David Bier*, ©David Bier/CHC

M. RICHARD AU TÉLÉPHONE, 1966, *Antoine Desilets*, ©La Presse

M. RICHARD À LA PÊCHE, ©CMR

P.124 M. RICHARD À PRAGUE, 1958, ©CMR

M. RICHARD AVEC JOURNALISTES, 1958, ©CMR

M. RICHARD AVEC STATUE, 1958, ©CMR

M. RICHARD FAIT SES BAGAGES, 1958, *Roger St-Jean*, ©La Presse

P.125 M. RICHARD AVEC BÉBÉ, ©CMR

ROCKET & ENFANTS EN SKI *Jerry Donati*, ©CMR

P.126 ONÉSIME & MAURICE RICHARD, ©La Presse

P.127 LES RICHARD REGARDENT UNE PARTIE, ©CMR

LA FAMILLE RICHARD JOUE AU PING-PONG, 1952, *Camille Casavant*, ©CMR

ROCKET MONTRE LE JOURNAL À SON FILS, *David Bier*, ©CMR

M. RICHARD JOUE DANS LA NEIGE, *G. A. Laferrière*, ©CMR

P.128 ENTRAÎNEUR RICHARD AVEC ÉQUIPE, 1972, *Denis Brodeur*, ©Denis Brodeur

J.-C. TREMBLAY & M. RICHARD, 1972, *Pierre Côté*, ©La Presse

F. LACOMBE & M. RICHARD, 1972, ©La Presse

P.129 MAURICE RICHARD & SON FILS JEAN, ©La Presse

LUCILLE, HUGUETTE & MAURICE RICHARD, 1955, ©La Presse

P.130 AVEC LA REINE ÉLISABETH II & LE PRINCE PHILIPPE, ©CHC

LUCILLE & MAURICE RICHARD À OTTAWA, ©CMR

P.131 M. RICHARD AVEC SES PETITS-ENFANTS, 1988, *Bob Fisher*, © Bob Fisher/CHC

COUVERTURE UN BON EXEMPLE DE TÉNACITÉ, ©CHC

CHAPITRE 8

P.132-133 LA PARTIE DE CLÔTURE DU FORUM, 1996, *Denis Brodeur*, ©Denis Brodeur

LE FORUM LA NUIT, 1977, *David Bier*, ©David Bier/CHC

LE ROCKET AVEC LE FLAMBEAU, *Bob Fisher*, ©Bob Fisher/CHC

LE CENTRE MOLSON, ©CHC

BÉLIVEAU, RICHARD & LAFLEUR, *Denis Brodeur*, ©Denis Brodeur

P.134 DERNIÈRE MISE EN JEU AU FORUM, 1996, *Denis Brodeur*, ©Denis Brodeur

OVATION À MAURICE RICHARD, 1996, *Bob Fisher*, ©Bob Fisher/CHC

P.135 ÉTOILES DE TOUS LES TEMPS, *Denis Brodeur*, ©Denis Brodeur

BÉLIVEAU, RICHARD & LAFLEUR, 1974, *Denis Brodeur*, ©Denis Brodeur

M. RICHARD SALUANT, *Denis Brodeur*, ©Denis Brodeur

M. RICHARD EN ARBITRE, *Denis Brodeur*, ©Denis Brodeur

RICHARD & LACH EN ANCIENS CANADIENS, 1967, ©La Presse

RONALD COREY & DES MEMBRES DU TEMPLE DE LA RENOMMÉE, ©CHC

P.136 (arrière-plan) LE ROCKET, 1996, *Ladislav Kadyszewski*, ©CHC

RICHARD & BOUCHARD, 1996, *Denis Brodeur*, ©Denis Brodeur

RICHARD AVEC FLAMBEAU, 1996, ©La Presse

BÉLIVEAU & RICHARD, 1996, *Ladislav Kadyszewski*, ©CHC

RICHARD LEVANT LES BRAS, 1996, *Robert Laberge*, ©CHC

RICHARD LEVANT LES BRAS, 1996, *Denis Brodeur*, ©Denis Brodeur

PASSATION DU FLAMBEAU À UNE AUTRE GÉNÉRATION, 1996, *Bob Fisher*, ©Bob Fisher/CHC

P.137 TIMBRE DU ROCKET, (Univers Maurice Richard), ©Postes Canada

P.138 M. RICHARD PRÈS DE SA PLAQUE, 1992, *George Kalinsky*, ©CHC

MEMBRE DU CONSEIL PRIVÉ DE LA REINE, 1992, ©La Presse

SIGNANT LE LIVRE D'HONNEUR À TORONTO, *Turofsky*, ©CMR

UNIVERS MAURICE RICHARD, 2000, *Guy Tessier*, ©TPP

LA STATUE DU ROCKET, ©HHOF

P.139 AU TEMPLE DE LA RENOMMÉE DU SPORT DU CANADA, ©HHOF

B'NAI BRITH AVEC TED KENNEDY, 1961, ©CMR

B'NAI BRITH AVEC BOBBY JONES, 1961, ©CMR

AVEC LE PREMIER MINISTRE JEAN CHRÉTIEN, 1999, *Bob Fisher*, ©Bob Fisher/CHC

LE GALA MAURICE RICHARD, 1999, *Bob Fisher*, ©Bob Fisher/CHC

P.140 AVEC JEAN-PAUL RIOPELLE, 1990, *Pierre McCann*, ©La Presse

P.141 M. RICHARD AVEC SON TROPHÉE, 1999, *Bob Fisher*, ©Bob Fisher/CHC

PRÉSENTATION OFFICIELLE DU TROPHÉE, 1999, *Diane Sobolewsky*, (CHC), ©NHL Images

TROPHÉE MAURICE RICHARD, 1999, *Bob Fisher*, ©Bob Fisher/CHC

RONALD COREY, 1997, ©CHC

P.142 M. RICHARD QUI MARCHE, 1990, *Pierre McCann*, ©La Presse

M. RICHARD EN ENTREVUE, ©HHOF

P.143 DÉFILÉ DE CLÔTURE DU FORUM, 1996, *Bob Fisher*, ©Bob Fisher/CHC

BOUCHARD & LACH, 1996, *Bob Fisher*, ©Bob Fisher/CHC

M. RICHARD SALUANT LA FOULE, 1996, ©The Gazette

M. RICHARD VU DE DOS, 1996, *Bob Fisher*, ©Bob Fisher/CHC

P.144 M. RICHARD & FÉLIX LECLERC, 1983, *Pierre McCann*, ©La Presse

BRAS DE FER AVEC FÉLIX LECLERC, 1983, *Pierre McCann*, ©La Presse

P.145 ILLUSTRATION & COUVERTURE DU LIVRE LE CHANDAIL DE HOCKEY, illustrations ©1984 *Sheldon Cohen*, publié par Livres Toundra

CHAPITRE 9

P.146-147 CÉRÉMONIE À LA BASILIQUE NOTRE-DAME, 2000, *Ladislav Kadyszewski*, ©Kadyszewski/CHC

DEVANT LE CENTRE MOLSON, 2000, *Ladislav Kadyszewski*, ©Kadyszewski/CHC

DRAPEAU NUMÉRO 9, 2000, *Bob Fisher*, ©Bob Fisher/CHC

FLEURS À LA GARE WINDSOR, 2000, *Bob Fisher*, ©Bob Fisher/CHC

CERCUEIL À LA BASILIQUE, 2000, *Bob Fisher*, ©Bob Fisher/CHC

GRAFITTIS, 2000, *Bob Fisher*, ©Bob Fisher/CHC

P.148 CHANDAIL DE MAURICE RICHARD, 2000, *Guy Tessier*, ©TPP

CHANDAIL DU ROCKET DE MONTRÉAL, 2000, *Guy Tessier*, ©TPP

P.149 LUCILLE & MAURICE, ©La Presse

CAMPAGNE DE SENSIBILISATION AU CANCER DE LA PROSTATE, 1990, *Pierre Côté*, ©La Presse

P.150-151 CHAPELLE ARDENTE, 2000, *Bob Fisher*, ©Bob Fisher/CHC

ATTENTE AU CENTRE MOLSON, 2000, *Ladislav Kadyszewski*, ©Kadyszewski/CHC

TENTE À LA GARE WINDSOR, 2000, *Bob Fisher*, ©Bob Fisher/CHC

P.152 HENRI RICHARD, 2000, *Ladislav Kadyszewski*, ©Kadyszewski/CHC

STATUE DU ROCKET, 2000, *Bob Fisher*, ©Bob Fisher/CHC

CHANDAIL DES EXPOS DE MONTRÉAL, 2000, *Guy Tessier*, ©TPP

P.153-154 SORTIE PAR L'ALLÉE CENTRALE, 2000, *Ladislav Kadyszewski*, ©Kadyszewski/CHC

MGR JEAN-CLAUDE TURCOTTE, 2000, *Bob Fisher*, ©Bob Fisher/CHC

ANCIENS COÉQUIPIERS, 2000, *Bob Fisher*, ©Bob Fisher/CHC

INVITÉS SORTANT DE L'ÉGLISE, 2000, *Ladislav Kadyszewski*, ©Kadyszewski/CHC

MEMBRES DE LA FAMILLE RICHARD, 2000, *Ladislav Kadyszewski*, © Kadyszewski/CHC

P.156 COÉQUIPIERS PORTANT LE CERCUEIL, 2000, *Ladislav Kadyszewski*, ©Kadyszewski/CHC

GINETTE RENO, 2000, *Bob Fisher*, ©Bob Fisher/CHC

P.157 MAURICE *ROCKET* RICHARD, 1994, *Bob Fisher*, ©Bob Fisher/CHC

EXTRAITS

P.80-81 Extraits de *Le Rocket, un héros du Québec* (A Hero for Quebec), traduit par Jean-Luc Duguay, copyright ©Hugh MacLennan

P.92-93 Extraits de *Du feu sur la glace* (Fire on the Ice), traduit par Jean-Luc Duguay, copyright ©Herbert Warren Wind

P.102-103 *Suspension du Rocket: on a tué mon frère Richard* de André Laurendeau, 21 mars 1955, Le Devoir. Réimpression avec l'autorisation du journal Le Devoir

P.145 Extraits de *Le Chandail de hockey* de Roch Carrier, copyright ©1979 Éditions internationales Alain Stanké Ltée

REMERCIEMENTS

Nous remercions de leur précieuse collaboration Evelyn Armstrong, Jean Béliveau, Denis Dion, Anne Fotheringham, Henri Richard, Jean Roy et Terry Scott.

Plusieurs autres personnes ont participé au projet sous des formes diverses. Mentionnons Bruce Bennett, Bob Borgen, Denis Brodeur, Gordon Burr, Louise Fagnan, Roland Forget, Dominique Jacques, Philip Norton, Phil Pritchard, Guy Tessier et Frank Udvari. Aussi, un merci spécial à Jacques Martineau, de *Univers Maurice Richard*, à Monique Giroux et Sina Gabrieli, du Club de baseball Expos de Montréal, et à Christian Simoneau, du Club de hockey Rocket de Montréal de la LHJMQ.

Enfin, cet ouvrage n'aurait pu voir le jour sans l'extraordinaire contribution de Julie Desilets et Geneviève Desrosiers. Ont aussi prêté main forte, sur une base quotidienne, Nathalie Michaud et Patrick Dupuis.

BIBLIOGRAPHIE | SOURCES

Behind the Cheering, Frank J. Selke avec Gordon Green, McClelland & Stewart, Toronto, 1962.

Jean Béliveau, My Life in Hockey, Jean Béliveau avec Chrys Goyens et Allan Turowetz, McClelland & Stewart, Toronto, 1994.

Blades on Ice, A Century of Professional Hockey, Chrys Goyens et Frank Orr, Team Power Publishing, Montréal, 1999.

Boom Boom, The Life and Times of Bernard Geoffrion, Bernard Geoffrion et Stan Fischler, McGraw Hill-Ryerson Ltd., Whitby, Ont., 1997.

Le chandail de hockey, Roch Carrier, Livres Toundra, une division de McClelland & Stewart, Toronto, 1979.

Firewagon Hockey, The Story of the Montreal Canadiens, Andy O'Brien, The Ryerson Press, Toronto, 1967.

Forever Rivals, Montreal Canadiens – Toronto Maple Leafs, James Duplacey, Charles Wilkins, édité par Dan Diamond, Dan Diamond and Associates, Inc., Toronto, 1996.

Gordie: A Hockey Legend, Roy MacSkimming, Greystone Books, une division de Douglas & McIntyre Ltd, Vancouver, 1994.

The Habs, An Oral History of the Montreal Canadiens, 1940-1980, Dick Irvin, McClelland & Stewart, Toronto, 1991.

Hockey, The Official Book of the Game, Hamlyn Publishing, London, 1980.

100 Great Moments in Hockey, Brian Kendall, Viking (Penguin Books Canada Ltd.) Toronto, 1994.

In the Crease, Goaltenders Look at Life in the NHL, Dick Irvin, McClelland & Stewart, 1995.

The Leafs, An Anecdotal History of the Toronto Maple Leafs, Jack Batten, Key-Porter Books, Toronto, 1994.

Lions in Winter, Chrys Goyens et Allan Turowetz, Prentice-Hall, Toronto, 1986.

Lions in Winter, Édition révisée, Chrys Goyens et Allan Turowetz, McGraw-Hill Ryerson, Toronto, 1993.

The Mad Men of Hockey, Trent Frayne, McClelland & Stewart, Toronto, 1974.

Maurice Richard : l'idole d'un peuple, Édition révisée, Jean-Marie Pellerin, Éditions Trustar, Montréal, 1998.

The Montreal Canadiens, An Illustrated History of a Hockey Dynasty, Claude Mouton, Key Porter, Toronto, 1987.

The Montreal Forum, Forever Proud, Chrystian Goyens, avec Allan Turowetz et Jean-Luc Duguay, Les Éditions Effix Inc., Montréal, 1996.

Howie Morenz, Hockey's First Superstar, Dean Robinson, Boston Mills Press, Erin, Ont., 1982.

National Hockey League 75th Anniversary Commemorative Book, édité par Dan Diamond, McClelland & Stewart, Toronto, 1991.

Remembering The Rocket, édité par Craig MacInnis, Stoddart Publishing, Toronto, 1998.

Red's Story, Red Storey avec Brodie Snyder, Macmillan of Canada, Toronto, 1994.

Rocket Richard, Andy O'Brien, The Ryerson Press, Toronto, 1961.

Total Hockey, The Official Encyclopedia of the National Hockey League, Total Sports (Dan Diamond and Associates), New York, 1998.

The Trail of the Stanley Cup, Volume 1, 1893-1926 inc., Charles S. Coleman, National Hockey League Publications, 1966.

The Trail of the Stanley Cup, Volume 2, 1927-1946 inc., Charles S. Coleman, National Hockey League Publications, 1969.

The Trail of the Stanley Cup, Volume 3, 1947-1967 inc., Charles S. Coleman, National Hockey League Publications, 1976.

Years of Glory, 1942-1967, The National Hockey League's Official Book of the Six-Team Era, édité par Dan Diamond, McClelland & Stewart, Toronto, 1994.

Maclean's Magazine, Toronto

Sports Illustrated, New York

The New Yorker, New York

The Miami Herald, Miami

Le Journal de Montréal, Montréal

Documentation La Presse, Montréal

Montréal-Matin, Montréal

Bibliothèque centrale, Ville de Montréal

The Toronto Star, Toronto

The Hockey News